本书获国家自然科学基金青年项目（71802080）资助

企业社会责任、营销战略与企业价值创造

胡兵 著

Corporate Social Responsibility

Marketing Strategy and

Value Creation

暨南大学出版社
JINAN UNIVERSITY PRESS

中国·广州

图书在版编目（CIP）数据

企业社会责任、营销战略与企业价值创造/胡兵著 . —广州：暨南大学出版社，2020. 11
ISBN 978 - 7 - 5668 - 2989 - 4

Ⅰ. ①企…　Ⅱ. ①胡…　Ⅲ. ①企业责任—社会责任—研究—中国②企业管理—营销管理—研究—中国　Ⅳ. ①F279. 2 ②F279. 23

中国版本图书馆 CIP 数据核字（2020）第 188723 号

企业社会责任、营销战略与企业价值创造
QIYE SHEHUI ZEREN YINGXIAO ZHANLUE YU QIYE JIAZHI CHUANGZAO
著　者：胡　兵

出 版 人：张晋升
责任编辑：潘雅琴　康　蕊
责任校对：曾小利
责任印制：汤慧君　周一丹

出版发行：暨南大学出版社（510630）
电　　话：总编室（8620）85221601
　　　　　营销部（8620）85225284　85228291　85228292　85226712
传　　真：（8620）85221583（办公室）　85223774（营销部）
网　　址：http：//www. jnupress. com
排　　版：广州良弓广告有限公司
印　　刷：广州市穗彩印务有限公司
开　　本：787mm×960mm　1/16
印　　张：14. 125
字　　数：180 千
版　　次：2020 年 11 月第 1 版
印　　次：2020 年 11 月第 1 次
定　　价：59. 80 元

前　言

随着环境、生态、食品安全以及社会公德等一系列问题的日益全球化，企业社会责任逐渐受到研究者、社会公众、企业管理者以及政策制定者的广泛关注。通过持续参与现金捐赠、物资捐助、绿色营销、善因营销以及员工公益服务等社会责任行动，企业愈加相信，企业社会责任行为不仅是"正义之举"，更是"明智之举"。然而，由于企业社会责任与企业价值创造关系的复杂性，学术界也并未就"企业社会责任能否为企业创造价值"这一问题给出令人信服的答案，有些研究认为企业社会责任与企业价值创造之间呈正相关关系，有些认为两者之间呈负相关关系，也有些则认为两者之间呈曲线关系。

通过对以往文献的梳理和归纳，本书认为，企业社会责任与企业价值创造的错综复杂关系，一方面缘于以往的研究局限于对单一利益相关者的考察，另一方面取决于某些权变因素或情境条件的影响。如此，对"企业社会责任能否为企业创造价值"这一问题的研究应该上升到"企业社会责任如何为企业创造价值"的视角上。因此，本书的研究问题可以归纳为：第一，企业社会责任是否会影响企业的价值创造？即企业社会责任能否得到企业利益相关者的积极响应？第二，从企业内部的营销战略来看，对于广告投入、研发投入以及营销能力不同的企业而言，企业社会责任对企业价值创造的影响有何差异？

基于以上背景，本书从两方面剖析了企业社会责任与企业价值创造的关系以回应上文所提及的两个研究问题。一方面，本书基于产品市场和资本市场双重角度剖析了企业社会责任的市场竞争效应和市场价值效应，以回应"企业社会责任能否为企业创造价值"的问题；另一方面，本书进一步考察营销战略（广告投入、研发投入和营销能力）如何影响企业社会责任的市场竞争效应和市场价值效应，以回应"企业社会责任如何为企业创造价值"的问题。

本书基于利益相关者理论、资源基础理论、代理理论以及信号理论，整合了营销学以及组织行为和战略相关研究成果，选取了2010—2013 年中国深沪 A 股市场的上市公司作为研究样本以对研究模型进行实证检验。

首先，基于产品市场的实证检验，我们发现，企业社会责任能够显著提高企业在行业中的相对产品市场增长，即企业社会责任能够发挥其在产品市场竞争中的战略作用。从营销战略的调节效应来看，广告投入在企业社会责任与企业未来产品市场增长之间产生显著的正向调节作用，而研发投入并不能发挥出企业社会责任在产品市场竞争中的战略作用，反而挤出了企业社会责任的市场竞争效应。营销战略在企业社会责任与企业未来产品市场增长之间存在显著的正向调节作用，这一证据表明，良好的营销战略能更好地促进企业社会责任在产品市场竞争中的战略作用。

其次，基于资本市场的实证检验，我们发现，企业社会责任与企业市场价值的关系不显著，这一结论表明，企业社会责任并不能直接影响企业的市场价值，这也说明了企业社会责任与企业市场价值之间的关系尚未明确。从营销战略的调节效应来看，虽然企业社会责任并不能直接影响企业的市场价值，然而，企业社会责任在广告投入、研发投入以及营销能力等变量的调节下能正向影响企业的市场价值效应。另外，我们进一步考察了不同产权属性下企业社会责任与产品市场竞争、企业市场价值之间的关系，我们发现，产权属性对企业社会责任与产品市场竞争、企业市场价值之间的关系产生负向调节作用，并且相对于国有企业，民营企业中的营销战略（广告投入、研发投入和营销能力）能更有效地发挥企业社会责任的市场价值效应。

针对以上结论，我们还得到了如下理论和管理启示：首先，本书的研究结论进一步丰富了利益相关者理论的研究成果。本书从消费者（代表产品市场）和投资者（代表资本市场）双重角度初步破解了以往有关企业社会责任与企业价值创造关系争论的难题，即企业社会责任能够发挥其在产品市场竞争中的战略作用，而难以直接提升企业的市场价值。本书的分析视角实现了从单一利益相关者的分析层面转向双重利益相关者的分析层面。其次，本书的研究结论进一步表明，企业社会责任对不同企业会带来差异化的市场竞争效应和市场价值效应，这种差异化效应缘于企业内部所掌握的资源、能力和战略的差异。企业可以通过促进内部营销战略与外部企业社会责任行为的配置和组合，发挥企业社会责任与广告投入、研发投

入以及营销能力的互补作用和协同效应。因此，本书的研究为资源
基础理论和信号理论提供了实证检验证据，即企业产品市场竞争优
势的获取与市场价值的增值归因于企业内部能力和战略（广告投入、
研发投入和营销能力）与企业外部行为（企业社会责任）的相互配
合和战略协同。另外，以上结论也印证了"战略性企业社会责任"
的观点，即企业社会责任应融入企业战略、资源、流程、商业主张
以及与利益相关者互动等层面，进而为企业和社会创造双赢价值。
最后，本书还从研究对象、研究层面、研究数据等方面提出了研究
局限与未来研究方向。

目　录

前　言 ……………………………………………………… 001

第一章　导　论 …………………………………………… 001

第一节　选题背景与问题提出 ………………………… 002

一、现实背景 ………………………………………… 002

二、理论背景 ………………………………………… 008

三、研究问题 ………………………………………… 014

四、研究目标 ………………………………………… 016

第二节　研究思路与创新之处 ………………………… 017

一、研究思路 ………………………………………… 017

二、主要创新 ………………………………………… 021

第三节　研究方法与技术路线 ………………………… 024

第四节　研究内容与结构安排 ………………………… 027

第二章　文献综述 ………………………………………… 029

第一节　企业社会责任的内涵及其演进 ……………… 029

一、企业社会责任的概念演变 ……………………… 029

二、企业社会责任的维度划分 …………………………………… 034

三、企业社会责任的概念争论 …………………………………… 037

四、企业社会责任的概念拓展 …………………………………… 042

第二节 企业社会责任的影响效应 ……………………………… 048

一、企业社会责任的积极效应 …………………………………… 049

二、企业社会责任的消极效应 …………………………………… 052

三、企业社会责任影响效应的边界机制研究 ………………… 053

第三节 企业社会责任与企业价值创造的关系 ……………… 055

一、企业社会责任与企业价值创造关系的争论与解释依据

………………………………………………………………… 055

二、企业社会责任与企业价值创造关系的梳理与总结 …… 059

三、企业社会责任与企业价值创造关系研究评述 ………… 060

第四节 营销战略的研究进展 …………………………………… 062

一、营销绩效的相关研究 ………………………………………… 063

二、营销战略与企业绩效 ………………………………………… 065

三、研究评述 ……………………………………………………… 067

第三章 企业社会责任理论分析与研究框架 ………… 070

第一节 利益相关者理论 ………………………………………… 071

一、理论发展及其阐释 …………………………………………… 071

二、利益相关者与企业社会责任 ……………………………… 074

第二节 资源基础理论 …………………………………………… 077

一、理论概述及其阐释 …………………………………………… 077

二、资源基础理论与企业社会责任 ·············· 080

三、营销战略杠杆与资源基础理论 ·············· 081

第三节 代理理论 ························· 083

第四节 信号理论 ························· 084

第五节 理论框架 ························· 085

第四章 企业社会责任的市场竞争效应 ·············· 089

第一节 研究假设 ························· 090

一、企业社会责任与市场竞争效应 ·············· 090

二、广告投入的调节效应 ···················· 094

三、研发投入的调节效应 ···················· 099

四、营销能力的调节效应 ···················· 103

第二节 研究设计 ························· 107

一、数据来源与样本选择 ···················· 107

二、相关变量设定 ························· 108

三、研究模型 ··························· 113

第三节 实证分析 ························· 115

一、描述性统计与相关性分析 ·············· 115

二、回归分析结果 ························· 117

第五章 企业社会责任的市场价值效应 ·············· 128

第一节 研究假设 ························· 129

一、企业社会责任与企业市场价值 ·············· 129

二、广告投入的调节效应 ·················· 132

三、研发投入的调节效应 ·················· 137

四、营销能力的调节效应 ·················· 141

第二节 研究设计 ·························· 144

一、数据来源与样本选择 ·················· 144

二、相关变量设定 ························ 144

三、研究模型 ···························· 150

第三节 实证分析 ·························· 152

一、描述性统计与相关性分析 ·············· 152

二、回归分析结果 ························ 155

第六章 研究结论与启示 ·················· 166

第一节 主要研究结论 ···················· 166

一、企业社会责任能否为企业创造价值 ······ 166

二、企业社会责任如何为企业创造价值 ······ 167

第二节 理论与管理启示 ·················· 169

一、理论启示 ···························· 169

二、管理启示 ···························· 174

第三节 研究局限与未来研究方向 ·········· 178

参考文献 ································ 180

第一章 导 论

　　企业社会责任（Corporate Social Responsibility，CSR），是经济全球化进程中不能回避的企业使命。企业社会责任是一种受到国际和国内社会普遍认同的发展理念，它强调企业在创造利润、为股东创造价值的过程中，还应肩负起对消费者、员工、社区以及环境的责任。企业社会责任是一把"双刃剑"，正确的企业社会责任导向和践行模式能持续增进全社会的福利，甚至促进积极的社会变革，相反，错误的企业社会责任认知和践行模式则可能导致社会发展的混乱甚至倒退，对全社会将是一场灾难。随着全球环境污染、生态破坏、食品安全缺乏保障以及社会公德缺失等一系列问题日益严峻，企业社会责任逐渐受到研究者、社会公众、企业管理者以及政策制定者的广泛关注。本章在阐述企业社会责任的现实与理论背景的基础上，提出"企业社会责任能否为企业创造价值"这一研究问题，并进一步介绍本研究的思路与创新之处以及研究方法与技术路线，最后对研究内容与结构安排进行阐述。

第一节　选题背景与问题提出

一、现实背景

（一）企业社会责任受到国际社会的高度重视

随着全球经济的不断发展，构建在自由体系之上的经济体制和运行机制创造了巨大的物质财富，但也日渐暴露出明显的负面效应。现实生活和学术研究的证据表明，许多企业在拓展经营规模、追逐企业和股东利益的过程中存在忽视企业社会责任的问题，如恶意逃避债务、污染环境、偷税漏税、职工工作条件恶化和生活无保障以及产品和服务质量低劣等（张兆国等，2009）。这不仅危及企业自身的持续健康发展，也造成了社会资源浪费，导致了企业负面形象，严重影响了整个社会和经济的和谐发展（张兆国等，2009；Sen & Bhattacharya，2001）。另外，这也使得人们的不满情绪日益高涨，推进了环境保护运动、消费者保护运动、劳工运动以及企业社会责任活动等的开展，同时让人们开始深刻反思这种单一利润主导下的自由经济发展模式的严重弊端。企业社会责任观念和可持续发展理念已经开始影响和深入全球经济社会发展的各个领域，并逐渐从一种普世价值观转变为兼容各国国情和人文精神的企业发展的时代潮流（李伟阳、肖红军，2012；Doh，et al.，2010；Hull & Rothenberg，2008；Luo & Bhattacharya，2006）。大国政府、国际机构和非政府组织等都积极倡导和推崇企业社会责任，对企业社会责任在推动全球经济和社会可持续发展过程中所扮演的角色给予充分肯定。

近年来，企业社会责任越来越受到世界各国政府的高度重视和积极倡导，也成为各国政府政治考量和公共政策的重要构成部分。前联合国秘书长潘基文曾多次呼吁企业对其社会责任的履行，倡议全球商业界应加强对企业社会责任的履行。从 20 世纪 90 年代开始，欧盟将企业社会责任和可持续发展提上其成员国重要的公共政策议程，并且积极出台和颁布了一系列相关指南、报告，以引导和推动企业履行社会责任。2001 年 7 月，欧盟发布了《欧洲企业社会责任框架绿皮书》，这开启了企业社会责任的相关讨论（王琴，2010）；2002 年 7 月，欧盟发布了《关于企业社会责任的报告：企业对可持续发展的贡献》，并且构建了欧洲企业社会责任的相关行动框架；2006 年 3 月，欧盟发布了《实施以就业与发展为目标的伙伴关系：使欧洲成为企业社会责任的卓越标杆》；2011 年 10 月，欧盟发布了 2011 年至 2014 年企业社会责任战略。

企业社会责任的范围涵盖经济、社会以及环境等各个领域，而政府对于企业能否有效地肩负起社会责任起到了至关重要的作用。中国国家领导人多次强调企业要树立科学的社会责任观，积极承担和履行社会责任。时任国家主席胡锦涛曾强调，企业应当树立全球责任观，自觉地将社会责任纳入自身经营目标和战略，遵守所在国的法律并遵循国际通行的商业惯例，完善企业经营模式，达到经济利益和社会福利的统一。时任国务院总理温家宝也曾积极倡导企业社会责任，指出每个企业家都应该流着道德的血液，因而每个企业也都应该承担起企业社会责任，只有合法经营与社会道德相结合的企业，才是社会真正需要的企业（李伟阳，2012；Doh，et al.，2010；Hull & Rothenberg，2008）。

（二）企业社会责任成为现实社会的关注焦点

企业的不负责行为以及其他短视行为所带来的诸如欺诈消费者、贫富差距加剧、社会矛盾激化以及自然环境恶化等问题严重制约着中国经济、社会和企业的可持续发展（徐尚昆、杨汝岱，2007；Hull & Rothenberg，2008）。特别是前些年，国内出现了一些重大事故和社会责任事件，如"地沟油"和"塑化剂"问题、"三聚氰胺"事件以及其他食品安全事故；"紫金矿业"污水渗漏事故、"康菲石油"漏油事故、大连中石油输油管道爆炸事故以及富士康企业员工跳楼事件等，这些事故的出现往往使肇事企业及其所属行业饱受公众谴责，遭遇企业和品牌危机。频频出现的食品安全无保障、环境污染、商业道德缺失、员工利益受损等事件引发人们深思：企业在谋求利益最大化的同时，能否漠视其本该履行的社会责任？显然，这些事故给企业敲响了警钟：企业漠视社会责任，将企业利益追逐与社会公众利益增进对立起来，无异于自食恶果。社会各界开始意识到企业必须承担起相应的社会责任，在追求经济利益的同时，也须关注其生产经营活动给消费者、员工、社区、环境所带来的影响。如此，企业的经营战略便实现了从单一的股东微观利益目标向全局利益与社会责任双重目标的转移。

随着经济全球化的不断推进，企业肩负起保护环境、保障劳工权益、支持社会公益事业、尊重人权以及保证利益相关者权益等社会责任，正逐渐成为社会关注的焦点和社会各界的普遍期待（Lev, et al., 2010；Luo & Bhattacharya, 2006；McWilliams & Siegel, 2000）。在政府、非政府组织、新闻媒体等多重力量的推动下，社会公众对于企业履行社会责任的预期全面形成，并在思想和行动上表现出对企业社会责任的支持和要求。一方面，消费者责任意识不断深化，对企业履行社会责任的认识和响应越来越趋于合理。一个典型的例子是曾经生产"王老吉"饮料的加多宝集团，因第一时间向汶川地震灾区捐款1亿元，从而在消费者群体中引起了强烈的积极响应，掀起了一股买空"王老吉"饮料的消费浪潮，这一企业社会责任行为极大地提升了该企业的品牌形象，增强了其市场竞争力。而"三聚氰胺"事件致使三鹿集团迅速破产，伊利、蒙牛、光明等乳制品龙头企业也因此遭受重创（姜涛，2013）。另一方面，资本市场针对投资者推出了多个企业社会责任投资产品或指数，这表明企业社会责任消费运动在我国已悄然兴起，并且社会各界对企业社会责任行为形成了重要预期，提出了合理要求，消费者对企业社会责任行为的响应也进一步推动了企业对于社会责任的履行。

（三）企业社会责任成为企业实践的重要内容

社会责任的理念和具体行动最终要靠企业去实现，企业只有将社会责任这一理念全方位融入企业经营目标和战略之中，才可能真正实现对社会责任的全面履行。全球范围内，不少跨国组织、非政府机构、多边组织和其他国际机构为推进企业社会责任的履行，制定出了各类社会责任行为标准和企业行为指南等。国际标准化组织（ISO）于 2010 年 11 月发布了 ISO 26000《社会责任指南》，ISO 26000 标准成为全球范围内最为全面、最具权威性的社会责任国际标准。

我国企业对于如何履行社会责任的探索和实践也日益深入，企业社会责任不断成为我国企业健康发展的重要内容。《中华人民共和国公司法》对企业社会责任做出了明确规定，指出企业从事经营活动，必须遵守法律、行政法规，遵守社会公德、商业道德，诚实守信，接受政府和社会公众的监督，承担社会责任。为了规范和推进企业社会责任的践行，中国证监会在《上市公司治理准则》中明确要求上市公司必须承担企业的社会责任，并要求上市公司重视和维护银行及其他投资者、消费者、供应商、员工以及社区等利益相关者的合法权益，在维持企业持续发展和股东利益最大化的同时，也应关注企业所在社区的环境保护、公益事业以及社区福利等问题。此外，深圳证券交易所和上海证券交易所也制定和发布了各类有关企业社会责任的指引和通知，如《深圳证券交易所上市公司社会责任指引》《关于加强上市公司社会责任承担工作暨发布〈上海证券交易所上市公司环境信息披露指引〉的通知》以及《关于做好上市公司 2008 年履行社会责任的报告及内部控制自我评估报告披露工作的通知》等，鼓励上市企业设立和构建相应的社会责任制度和体系，披露企业履行社会责任的相关信息，同时倡导上市企业积极承担社会责任。

现代社会强烈呼吁企业组织要履行其经济、法律、伦理和自由裁量的责任（Margolis & Walsh，2003），越来越多的企业也开始积极探索并强化自身的社会责任管理，不断将社会责任及其理念融入企业的运营和管理中，制定企业行为伦理守则和规章，尝试将价值观和伦理考量置于商业模式和组织文化的核心地位，通过采取企业社会责任的相关举措，肩负起平衡股东价值与社会公众利益的责任。由于企业社会责任受关注程度的不断加强和深入，企业越来越意识到社会责任信息披露和报告的重要性。世界 500 强企业中多达 90% 的企业都制定了较为明晰的企业社会责任体系和计划，其中，一半以上的企业发布了企业社会责任年度报告，并且大部分企业由高管直接负责企业社会责任的实施（Homburg，et al.，2013；Lichtenstein，et al.，2004）。

在中国，企业社会责任信息披露也日益受到重视。2006 年，国内企业仅发布了 18 份企业社会责任年度报告，然而，自 2009 年起，企业社会责任年度报告在中国的发布呈"井喷"之势：据不完全统计，2009 年发布的企业社会责任年度报告有 500 多份。以上市公司的企业社会责任年度报告为例，截至 2011 年 6 月 30 日，共有 531 份 A 股上市公司的社会责任年度报告得以发布，报告的主体涉及交通运输与仓储、电力、金融、能源以及房地产和制造业等多个行业（陈贵佳等，2011）。另外，慈善捐赠活动已成为企业履行社会责任的重要内容，企业已经成为我国慈善捐赠事业的中坚力量。据民政部《2013 年度中国慈善捐助报告》的统计数据，全国 2013 年得到社会各界的款物捐赠总额达 989.42 亿元，而企业的捐赠占到年度捐赠总额的 69.67%，显而易见，企业已成为我国捐赠活动的绝对主力。以上表明，越来越多的企业认识到企业社会责任既是社会道德和企业良知的呼唤，也是企业自身战略发展的需要。

二、理论背景

（一）战略性企业社会责任

企业为什么会履行社会责任？第一，这有可能是缘于利益相关者的压力（Agle，et al.，1999；Sharma & Henriques，2005），包括股东、消费者、政府、员工、社区居民以及媒体在内的利益相关者都可以直接或间接影响企业的声誉与形象、企业资源与合法性的获得以及企业市场份额与价值等（Aguinis & Glavas，2012），这意味着企业承担社会责任在某种程度上是为了应对来自利益相关者的压力和要求，或者遵从某种社会期待和社会规范。第二，企业积极承担社会责任、履行社会义务也可能是基于伦理道德标准的考虑（Aguilera，et al.，2007），是企业不求回报、展现良好形象的利他行为。第三，在公众责任意识觉醒的时代，面临来自外部市场竞争和利益相关者的双重压力，企业社会责任的履行成为企业旨在创造"企业和社会共享价值"的战略行动（陶文杰、金占明，2013），这种战略行动能够改善和强化企业的市场竞争地位，并获得诸如声誉资本或道德资本等战略性资源，进而提高企业的财务绩效（Mudrack，et al.，1999；Porter & Kramer，2006）。

战略性企业社会责任是指将整体的企业社会责任视角与企业的战略计划和核心业务相结合，企业从而能够从中期到长期在一个全面、系统的利益相关者组合管理中实现最大化的经济和社会价值。

战略性企业社会责任的定义涵盖了四个主要元素：第一，企业将社会责任视角纳入其战略计划过程之中；第二，它们所采取的一切行动与核心运营相关；第三，它们包含利益相关者视角；第四，它们管理企业资源和核心利益相关者的关系视角是从短期发展到中期再到长期的（戴维·钱德勒等，2014）。

"战略性企业社会责任"这一理念认为企业是利益驱动的，可以从理性出发做出对企业最有利的战略决策。沿袭战略视角的学者们认为企业可以通过履行社会责任来达到战略目标（Mackey，et al.，2007）。Porter 和 Kramer（2006）也明确提出企业不要盲目承担社会责任，需要仔细选择那些能够增强其竞争优势的战略行动。作为非市场战略的重要内容，社会责任战略着重关注企业与外部环境之间的战略性关系，这对于企业构建与利益相关者之间的良好关系具有举足轻重的作用（邵剑兵等，2016；Holburn & Vanden Bergh，2014）。2017 年，京东与阿里巴巴两家电商巨头大手笔扶贫的举动引发舆论广泛关注。2017 年 11 月 28 日，刘强东出任河北阜平县平石头村名誉村主任，借助京东平台全面推进电商"精准扶贫"工作，并计划 3 年内帮助村里贫困户实现脱贫，5 年内让全体村民年均收入翻 10 番。不久，马云宣布自 2017 年 12 月 1 日起正式启动阿里巴巴脱贫基金，计划未来 5 年投入 100 亿元到这项业务中，并将脱贫工作列为阿里巴巴战略性业务，这项业务的行动宗旨是乡村振兴计划。至此，京东与阿里巴巴在电商领域的市场战略竞争已经延伸为电商扶贫上的非市场战略竞争，这引起了学术界和实务界对"企业社会责任"的广泛关注和热烈讨论。

战略管理学家提倡企业管理者做出"精明的"社会责任投资决策，将企业资源和企业能力应用于能够提升企业财务价值和持久竞争力的相关领域（Porter & Kramer，2002）。Gholami（2011b）认为企业与社会之间相互依存、共荣发展，企业通过将社会责任融入企业战略、资源、能力、流程、商业模式以及与利益相关者互动等方面，最终为企业和社会带来了双赢。也有观点指出，战略性企业社会责任被认为是企业用以营造良好社会声誉、促进企业更好经营的活动，这种活动既是一种可以用来审视企业社会响应能力的途径，又有利于企业强化其长期财务价值（Wood & Jones，1995）。

"战略性企业社会责任"这一理念将社会责任根植于企业与社会的互动关系之中，要求企业把握自身与社会的契合点。此外，这一理念将企业社会责任与企业内部特定的战略和行动相联结，用以应对那些与企业业务交叉的相关议题。一方面，企业需要自外而内地将社会利害关系融合到企业的日常经营、战略目标和价值主张之中，识别且满足利益相关者以及社会的需要；另一方面，企业需要自内而外地削减企业价值链上相关活动对环境和社会带来的负面效应，增加这些活动的积极影响。这两个方面不仅意味着企业要成为社会的良好"公民"并且减少负面影响，还蕴含着各种创新机会以及实现企业与社会共享价值的机遇，促成企业盈利与社会发展的相辅相成（肖红军、李伟阳，2013）。战略性企业社会责任的倡导者指出，企业社会责任虽然不能在短时期内为企业创造有形、独立、明显的交换价值，但是能够促进企业获得无形的品牌资产和战略性资产，如组织声誉或品牌声誉（Fombrun & Gardberg，2000；Greening &

Turban，2000）、企业认同（Bhattacharya & Sen，2003）、政治关系（戴亦一等，2014；Scherer & Palazzo，2007）等，营造出有利于企业进一步发展的市场竞争环境（Porter & Kramer，2006）。

（二）企业社会责任与企业价值创造的争论

近年来，越来越多的企业认识到，企业社会责任既是社会道德和企业良知的呼唤，也是企业自身战略发展的需要，通过持续参与慈善捐赠、绿色营销、善因营销、环保行动、公益服务以及精准扶贫等社会责任活动，承担起平衡股东利益与社会福利的双重责任，企业越来越深信，企业社会责任行为不仅是"正义之举"，更是"明智之举"（Smith，2003）。然而，在现实商业社会中，上述观点仍然受到众多质疑和挑战。"暴力慈善"造成股东利益直接受损，环境保护促使运营成本显著上升，关爱社会导致企业目标定位模糊等一系列现象和事件，促使企业管理者重新反思：社会价值真的可以与商业价值兼容吗？（陶文杰、金占明，2013）由于企业资源有限并且面临激烈的市场竞争压力，要平衡股东利益与企业社会责任履行也并非易事。因此，近年来，关于企业社会责任的分歧和争论似乎从未停止，而争论的焦点在于"企业社会责任能否为企业创造价值"。

对于这一争论，一直以来存在两种对立的观点：一方面，Friedman（1970）以新古典经济学为解释依据，怀疑甚至否认企业履行社会责任的必要性，指出承担社会责任与创造企业利润在某种程度上是一致的，但与实现企业利润最大化以及为股东创造价值仍不一致，并且强调企业承担社会责任是对企业资源的"误用"，企业社会责任行为不仅耗费企业资源，还可能与其他重要的经营战略争夺有限的企业资源，因此，承担企业社会责任"会彻底冲击自由社会的根基"，该观点被称为"企业社会责任否定论"。"企业社会责任否定论"声称企业社会责任并不能提高企业的长期股票财富（Luo & Bhattacharya，2009），而 Porter 和 Kramer（2006）也明确建议企业不要盲目履行社会责任，需要仔细选择那些能够增强其竞争优势的战略行动。

另一方面，许多学者基于契约理论、现代经济学、外部性理论以及利益相关者理论（Stakeholder Theory）等（Carroll，1999；Davis，1973；Freeman，2010；McGuire，et al.，1988），提出企业社会责任是企业所处的经济和社会环境的非正式制度要求，强调企业自身利益与社会公共利益之间的和谐统一，通过有效的战略性企业社会责任行为不仅可以提升企业的股票市场价值（Mishra & Modi，2013），而且可以帮助企业实现在盈利和成长方面的长远竞争力（Margolis & Walsh，2003），此为"企业社会责任肯定论"。

推崇"企业社会责任肯定论"的学者认为，尽管企业在履行社会责任过程中所耗费的短期成本无法避免，但企业社会责任能发挥其杠杆作用，企业社会责任通过改善管理方法（Waddock & Graves，1997）、运营效率（Sharma & Vredenburg，1998）、产品质量（Johnson & Greening，1999）等提升企业能力，不仅能使企业获取直接经济效益，而且帮助企业获得在盈利和成长方面的长远竞争力（Margolis & Walsh，2003）。相关研究也表明，企业的社会责任行为能得到消费者的积极响应，如对企业和产品的积极评价、消费者满意度与忠诚度的提升以及良好的企业形象和信誉，也可以提高企业的道德资本价值（Brammer & Millington，2005；Luo & Bhattacharya，2006）。总之，有效的战略性企业社会责任行为能促使企业改善管理方式、运营效率以及产品质量等，企业因而获得诸如声誉资本或道德资本等战略性资源，其竞争优势和财务绩效进而也得到提高（Chernev & Blair，2015；Flammer，2015；Porter & Kramer，2006）。

综上所述，虽然"企业社会责任否定论"可以从经济理性视角明确"企业不履行社会责任"的解释逻辑，但无法解释企业自愿而积极履行企业社会责任，并能够获得良好的经济效应和社会效应这一普遍存在的社会经济现象，也不能为企业社会责任缺失对企业市场竞争和市场价值造成负面影响这一既定事实提供解释。"企业社会责任肯定论"从管理战略视角阐明基于"企业和社会共享价值"创造的战略性企业社会责任行为，可以提升企业的战略地位、获取战略性资源，实现经济有效性和社会合理性，但无法从传统经济学的"经济人假设"理论来解释企业主动履行社会责任的自愿性和积极性的背后逻辑。"企业社会责任否定论"与"企业社会责任肯定论"这两种观点对立的焦点在于企业社会责任行为能否产生经济效应，并且如何才能为企业创造价值。企业社会责任与企业价值创造的关系证据可以从某种程度上驳斥"企业社会责任否定论"有关企业社会责任浪费企业资源并增加企业负担的论调，也可以为"企业社会责任肯定论"在"企业和社会共享价值"框架内解释战略性企业社会责任行为的价值效应提供合理依据。

三、研究问题

由于企业社会责任与企业价值创造关系的复杂性，学术界也并未就"企业社会责任能否为企业创造价值"这一问题给出令人信服的答案，有的研究认为企业社会责任与财务绩效之间呈正相关关系，有的认为两者之间呈负相关关系，还有的则认为两者之间呈曲线关系（Margolis & Walsh，2003）。这种错综复杂的结论一方面缘于以往研究对于各个利益相关者不同响应的混杂或是局限于单一利益相关者的研究（Wood & Jones，1995）。组织行为和战略相关研究主要聚焦投资者对企业社会责任的响应（Cheng，et al.，2014；Mackey，et al.，2007），而营销学相关研究视角集中于消费者对企业社会责任的响应（Korschun，et al.，2014；Luo & Bhattacharya，2006）。Wood 和 Jones（1995）指出，不同类型的利益相关者对企业社会责任的期望、经验与评价存在很大差异，即便在同一利益相关者群体内也存在响应差异。另外，企业的主要利益相关者，如消费者、员工、投资者、供应商以及监管部门等都可能受到企业社会责任行为的潜在影响（Clarkson，1995），如此，就不同利益相关者对企业社会责任的差异化响应进行区别分析并整合讨论很有必要。

以往有关"企业社会责任能否为企业创造价值"的错综复杂的结论表明，企业社会责任与企业价值创造之间的关系并不能简单归为正相关、不相关或者负相关，这也说明并不是所有的企业社会责任行为都可以为企业带来价值创造效应，正如 Smith 所指出，企业社会责任与企业价值创造的争论焦点并不在于企业履行社会责任是否创造价值，而是如何创造价值的问题（Smith，2003）。还有些研究表明，企业社会责任与价值创造的复杂关系还取决于某些权变因素或情境条件的影响，如企业资源或能力、研发投入、企业负债程度以及广告策略等（Aguinis & Glavas，2012）。虽然企业社会责任常常代表了组织的一种基本战略性导向，但很少有整合的模型从企业社会责任的角度对现有战略政策、组织文化和管理实践进行分析（Maon，et al.，2010），因此，有学者指出，企业社会责任研究的焦点正从理解"为何"（即参与企业社会责任的原因）、"什么"（即对企业社会责任的定义）转向"如何"在企业组织中最好地实施相关战略以支持组织的企业社会责任决策（Gardberg & Fombrun，2006；Mirvis & Googins，2006；Smith，2003）。如此，"企业社会责任能否为企业创造价值"这一问题视角应该上升到"企业社会责任如何为企业创造价值"这一研究视角上来。

综上所述，本书的研究问题可以归纳为：第一，企业社会责任行为能否提升其市场竞争效应和市场价值效应？这两种效应的关系是什么？即企业社会责任行为能否得到企业利益相关者的积极响应？根据利益相关者理论，不同类型的利益相关者对企业社会责任的期望、相关经验与评价存在很大差异，而以往研究并未整合多个视角（比如产品市场和资本市场），以系统研究不同利益相关者对企业社会责任的差异化响应。因此，我们一方面基于产品市场角度考察消费者对企业社会责任的响应，探讨企业社会责任行为是否有利于企业获得更大的成长空间、市场份额和战略竞争优势；另一方面，由于可能存在过度投资问题，企业市场份额的扩张对股东而言并不一定是福音（陆正飞、韩非池，2013）。所以我们除了从产品市场角度考察企业社会责任的市场竞争效应外，还从资本市场角度考察投资者对企业社会责任的响应，探讨企业社会责任是否也会提升企业市场价值，增加股东财富。

第二，从企业内部的营销战略来看，对于广告投入、研发投入以及营销能力不同的企业而言，企业社会责任对企业价值创造的影响有何差异？即营销战略如何影响企业社会责任的市场竞争效应和市场价值效应？以往研究表明，企业社会责任与企业价值创造的复杂关系还取决于某些权变因素的影响（Aguinis & Glavas，2012），然而，这些研究很少整合市场战略（如营销战略）与非市场战略（如社会责任战略）以深入探索企业社会责任价值创造的边界机制。我们以资源基础理论（Resource-Based View）和信号理论（Signaling Theory）为依据进一步考察营销战略如何影响企业社会责任的市场竞争效应和市场价值效应。

四、研究目标

本书拟以代理理论（Agency Theory）、利益相关者理论、资源基础理论以及信号理论为依据，从理论和实证上分析和检验营销战略如何影响企业社会责任的市场竞争效应和市场价值效应，在理论上丰富和拓展企业社会责任的相关研究，在实践上澄清"企业社会责任与企业绩效关系之谜"，为企业管理者优化和明确企业社会责任的战略方向提供理论依据和决策参考。

具体来说，本书的研究目标包括：

第一，以代理理论、利益相关者理论、资源基础理论以及信号理论为理论基础，构建企业社会责任与营销战略的互动关系及效应的研究框架。

第二，系统地分析和检验企业社会责任对市场竞争效应和市场价值效应的影响机制。

第三，系统地分析和检验营销战略如何影响企业社会责任的市场竞争效应和市场价值效应。

第四，从产权属性角度考察不同产权属性下企业社会责任与企业产品市场竞争、企业市场价值之间的关系。

第二节 研究思路与创新之处

一、研究思路

基于以上背景，本研究分两个步骤从理论和实证两方面剖析企业社会责任与企业价值创造的关系以回应上文所提及的两个问题。首先，本研究基于产品市场和资本市场双重角度来剖析企业社会责任的市场竞争效应和市场价值效应，以回应"企业社会责任能否为企业创造价值"这一问题。以代理理论、利益相关者理论以及资源基础理论这三种解释企业社会责任的主要理论为基础，基于产品市场和资本市场双重角度，从理论上分析为什么企业社会责任能够提升其市场竞争效应和市场价值效应，并且解释这两种效应可能存在的互补关系或替代关系，在理论分析的基础上提出相应的假设并进行实证检验。

其次，本研究进一步考察营销战略（广告投入、研发投入和营销能力）是否会影响企业社会责任的市场竞争效应和市场价值效应的发挥，以回应"企业社会责任如何为企业创造价值"这一问题。以资源基础理论和信号理论为依据进一步从理论上分析营销战略如何影响企业社会责任的市场竞争效应和市场价值效应，然后在理论分析的基础上提出相应的假设并进行实证检验。营销领域研究主要从广告投入和研发投入（Luo & Bhattacharya，2009）以及营销能力（Mishra & Modi，2016）这三个角度衡量营销战略对企业绩效的影响。我们结合广告投入、研发投入以及营销能力这三个方面考察营销战略如何影响企业社会责任的市场竞争效应和市场价值效应。一方面，基于信息经济学的信号理论，从理论上分析广告的信息传导机制如何影响消费者和投资者对企业社会责任的响应；另一方面，基于资源基础理论，从理论上解释为什么研发投入和营销能力能够影响企业社会责任的市场竞争效应和市场价值效应。

根据利益相关者理论，企业的主要利益相关者，如消费者、投资者、员工、供应商、社会公众以及政府或监管部门等都与企业行为相关联，其中，消费者（代表产品市场）和投资者（代表资本市场）与企业的价值创造息息相关，因此，企业的价值创造主要取决于产品市场和资本市场对企业产品及行为的认可和支持。一方面，由于消费者作为产品市场的交易主体，其产品购买行为与企业价值创造存在必然联系。消费者通过对企业产品、品牌、服务以及包括企业社会责任在内的相关行为的感知，表现出对企业形象和品牌的认同，进而形成产品购买意愿与行为、满意度与忠诚度等表达对企业社会责任行为的支持。本研究首先基于产品市场角度考察企业社会责任如何影响其市场份额的变化，以回应消费者对企业社会责任的响应。

另一方面，投资者作为资本市场的交易主体，其股票购买和投资决策行为与企业价值创造也存在必然联系。投资者在对企业及其社会责任行为感知的前提下，以进行投资、拒绝投资和退出投资等行为表达对企业社会责任行为的支持或反对（姜涛，2013）。本研究进一步从资本市场角度考察企业社会责任能否提升企业价值、增加股东财富，以回应投资者对企业社会责任的响应。根据陆正飞和韩非池（2013）的划分方法，本研究将企业社会责任对其产品市场份额的影响称为企业社会责任的市场竞争效应，将企业社会责任对企业价值的影响称为企业社会责任的市场价值效应，本书主要研究企业社会责任能否为企业带来市场竞争效应和市场价值效应。

对于"企业社会责任如何为企业创造价值"这一问题，很多研究提出企业社会责任与企业价值创造的复杂关系还取决于某些权变因素或情境条件的影响。Luo 和 Bhattacharya（2009）解释了广告投入和研发投入这两类营销战略对企业社会责任与企业非系统风险之间关系的影响，然而，很少有研究从营销战略视角来深入剖析企业社会责任与企业价值创造之间的关系。基于此，本研究将进一步检验广告投入、研发投入以及营销能力这三类企业可控的营销战略对企业社会责任与企业价值创造之间关系的影响机制。

本研究聚焦企业将广告投入、研发投入以及营销能力这三类营销战略作为调节机制，主要出于以下三方面原因：第一，营销管理者往往面临巨大的压力和挑战——他们需要向企业高层和股东证实营销支出所带来的财务绩效增长（Bahadir, et al., 2008），因为企业高层和财务主管部门致力于股东价值的最大化，他们并不重视营销绩效相关指标（消费者知晓度、销售增长率、消费者忠诚度、满意度以及重复购买意愿），因为他们并不理解是否应该并且如何让企业股东对这些指标产生兴趣（Ambler，2003）。第二，从产品市场角度来看，尽管现有理论和研究已经揭示营销战略可以通过影响消费者对产品的态度和购买意愿来提高企业绩效，例如，广告投入一般代表着企业价值获取和实现的战略行动，通过积累品牌资产和顾客资产来提高未来的销售量和利润（Joshi & Hanssens，2009），但是，从资本市场角度来看，这种营销战略能否影响投资者对企业前景的态度以及投资意愿，亟待进一步检验。第三，管理学相关研究也表明，企业社会责任战略效应的发挥，还取决于企业层面特有的资源和战略行动的配合运用，如广告投入、研发投入和营销能力等（McWilliams & Siegel，2001；Morck，et al.，1988；Servaes & Tamayo，2013）。因此，本研究将进一步检验营销战略（广告投入、研发投入、营销能力）是否会影响企业社会责任的市场竞争效应和市场价值效应的发挥，即企业社会责任对企业价值创造的不同影响效应还取决于企业层面的相关战略行动（见图1-1）。

```
                ┌─────────────────────────────┐
                │   企业社会责任的企业价值创造效应    │
                └─────────────────────────────┘
   ┌──────────────────┐            ┌──────────────────┐
   │  产品市场的竞争效应    │            │  资本市场的价值效应    │
   └──────────────────┘            └──────────────────┘
        ┌────────────────────────────────────┐
        │  营销战略如何影响企业社会责任的价值创造效应    │
        └────────────────────────────────────┘
 ┌──────────────┐   ┌──────────────┐   ┌──────────────┐
 │ 广告投入的影响效应  │   │ 研发投入的影响效应  │   │ 营销能力的影响效应  │
 └──────────────┘   └──────────────┘   └──────────────┘
                  ┌──────────┐
                  │  研究结论   │
                  └──────────┘
```

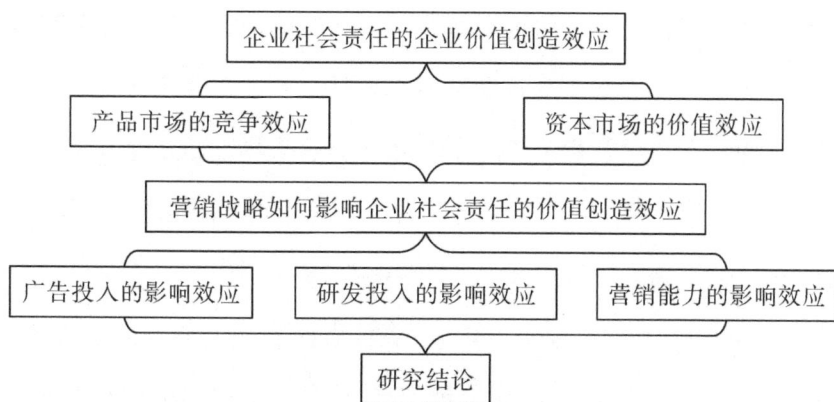

图 1 - 1 本书的研究思路

二、主要创新

本书基于产品市场和资本市场双重角度来剖析企业社会责任的市场竞争效应和市场价值效应，并进一步考察营销战略（广告投入、研发投入和营销能力）如何影响企业社会责任市场竞争效应和价值效应的发挥，从"企业社会责任能否为企业创造价值"这一问题视角转移到"企业社会责任如何为企业创造价值"这一研究视角上，为考察企业社会责任与企业价值创造之间的关系提供了新的研究视角。具体而言，本书对于企业社会责任与企业价值创造关系的考察具有以下创新和贡献。

第一，从产品市场和资本市场双重角度拓展和深化企业社会责任的相关研究。现有文献对企业社会责任影响企业绩效的理论与实证研究还不够深入，以往绝大部分研究均是从单一层面或单一视角考察企业社会责任的价值创造效应。例如，组织行为和战略领域相关研究主要基于资本市场角度考察企业社会责任的影响效应，而消费者行为和营销领域相关研究主要基于顾客市场剖析了企业社会责任的影响效应。不少学者聚焦于资本市场角度考察企业社会责任对企业绩效的影响，如股东价值（Mishra & Modi，2016）、企业非系统风险（Luo & Bhattacharya，2009）、企业市场价值（Hawn & Ioannou，2016；Kang，et al.，2016），而极少有研究从产品市场角度检验企业社会责任的战略效应，更没有文献基于产品市场和资本市场的双重角度从理论和实证方面系统分析企业社会责任的市场竞争效应和市场价值效应。

因而，学术界在回应"企业社会责任能否为企业创造价值"这一问题上得出了错综复杂的结论。与以往研究相区别，我们从产品市场和资本市场双重角度拓展和深化企业社会责任的相关研究。通过对企业社会责任的市场竞争效应和市场价值效应的双重考察，将消费者（代表产品市场）响应与投资者（代表资本市场）回应结合起来，基于两个角度来回答"企业社会责任能否为企业创造价值"这一问题，这为学术界探索企业社会责任与企业价值创造的关系提供了更加全面、系统的研究视角。

第二，从营销战略视角揭示出企业社会责任价值创造的实现路径和边界机制。现有文献主要从企业自身特点（Brammer & Millington，2004；Hull & Rothenberg，2008；Luo & Bhattacharya，2009；Wang & Qian，2011）、市场环境（Wang，et al.，2008；Lin，et al.，

2010)、行业特征（Chiu & Sharfman，2011）等方面探讨企业社会责任影响企业绩效的边界机制。但极少数从战略互动视角特别是围绕市场战略（营销战略）与非市场战略（企业社会责任）互动对企业绩效的影响展开研究。因此，本书结合广告投入、研发投入以及营销能力这三个方面考察营销战略如何影响企业社会责任的市场竞争效应和市场价值效应，不仅进一步揭示出企业社会责任价值创造的实现路径和边界机制，而且丰富和突破了以"营销—金融对接"为主线的研究方向。

第三，从产权属性角度考察不同产权属性下企业社会责任与企业产品市场竞争、企业市场价值之间的关系。政府和社会公众在国有企业众多的利益相关者中扮演着极为重要的角色，国有企业的特殊性质从某种程度上决定了其履行企业社会责任的非经济目标（黄速建、余菁，2006），以国有企业为代表的企业社会责任行为具有明显的政企纽带效应（张建君，2013；张敏等，2013）。然而，民营企业和外资企业履行企业社会责任的主要目标是追求经济利益的最大化。因此，通过将国有企业和民营企业进行对比分析，我们可以更好地了解中国本土情境下企业社会责任与企业价值创造关系的特殊性，这对于国有企业、民营企业、外资企业积极履行企业社会责任，并将其融入中国本土的商业和社会环境，以提升企业社会责任的市场竞争效应和市场价值效应具有重要意义。

第四，从理论上澄清"企业社会责任与企业绩效关系之谜"，为企业管理者优化和明确企业社会责任的战略方向提供理论依据和决策参考。一直以来，不少企业认为承担社会责任必然以牺牲自身利益为代价，将企业利润与社会责任完全对立起来，因此，企业社会责任很大程度上沦为"做秀"或"灭火"工具，企业社会责任演化为制约企业发展的"沉重"经济负担（陶文杰、金占明，2013）。本书的研究有助于从理论上澄清"企业社会责任与企业绩效关系之谜"，也对我们理解如何将企业社会责任与营销战略相结合、有效发挥企业社会责任的市场经济效应提供了进一步启发。

第三节　研究方法与技术路线

本书运用理论分析与实证研究相结合的方法，对需要解答的问题分别展开研究。在理论分析方面，首先，基于代理理论、利益相关者理论以及资源基础理论，分析企业社会责任的市场竞争效应和市场价值效应，区分这三种理论的具体解释逻辑，剖析这两种效应的关系；其次，基于资源基础理论和信号理论，从营销战略角度分析广告投入、研发投入以及营销能力如何影响企业社会责任的市场竞争效应和市场价值效应。在实证研究方面，首先，采用规范法构建企业社会责任与营销战略的互动关系及效应的研究框架；其次，运用 STATA 等计量软件，采用回归模型等大样本实证检验方法，对理论推理与研究假设进行实证检验；最后，运用归纳法等对研究结论与管理启示、实现路径与模式以及未来研究方向进行梳理和总结。

具体来说：

第一，本书采用演绎法与规范法相结合，综合企业社会责任与企业价值创造关系的相关文献，基于利益相关者理论、资源基础理论、代理理论和信号理论，采用规范法将营销战略（广告投入、研发投入和营销能力）纳入企业社会责任与企业产品市场竞争、企业市场价值关系的理论分析框架中，从产品市场和资本市场双重角度构建起企业社会责任与企业价值创造的综合性研究框架。

第二，选取 2010—2013 年中国深沪 A 股市场的上市公司作为研究样本，基于上述研究框架，提出了企业社会责任与企业产品市场竞争、企业市场价值的关系假设，并进一步从广告投入、研发投入及营销能力三个方面分别提出企业社会责任如何影响企业产品市场竞争和企业市场价值的研究假设，进而运用大样本实证检验方法，对理论推理与研究假设进行实证检验，并在此基础上基于产权属性角度对本书的演绎逻辑做进一步验证。

第三，运用归纳法对以上研究结论及理论研究框架进行梳理和总结，提出研究的相关结论、理论和管理启示，同时指出本研究可能存在的局限性及未来需要继续探索的方向。本书的技术路线如图 1-2 所示。

问题提出
※企业社会责任能否提升其市场竞争效应和市场价值效应？
※产权属性是否存在差异化影响效应？
※营销战略如何影响企业社会责任的市场竞争效应和市场价值效应？

资源基础理论

框架构建

产权属性

企业社会责任		市场竞争效应
		市场价值效应

营销战略	广告投入	研发投入	营销能力

信号理论

代理理论　　　　　　　　　　利益相关者理论

实证检验

①研究企业社会责任的市场竞争效应和市场价值效应

②研究广告投入的影响效应

③研究研发投入的影响效应

④研究营销能力的影响效应

⑤研究产权属性的影响效应

研究结论、理论与管理启示

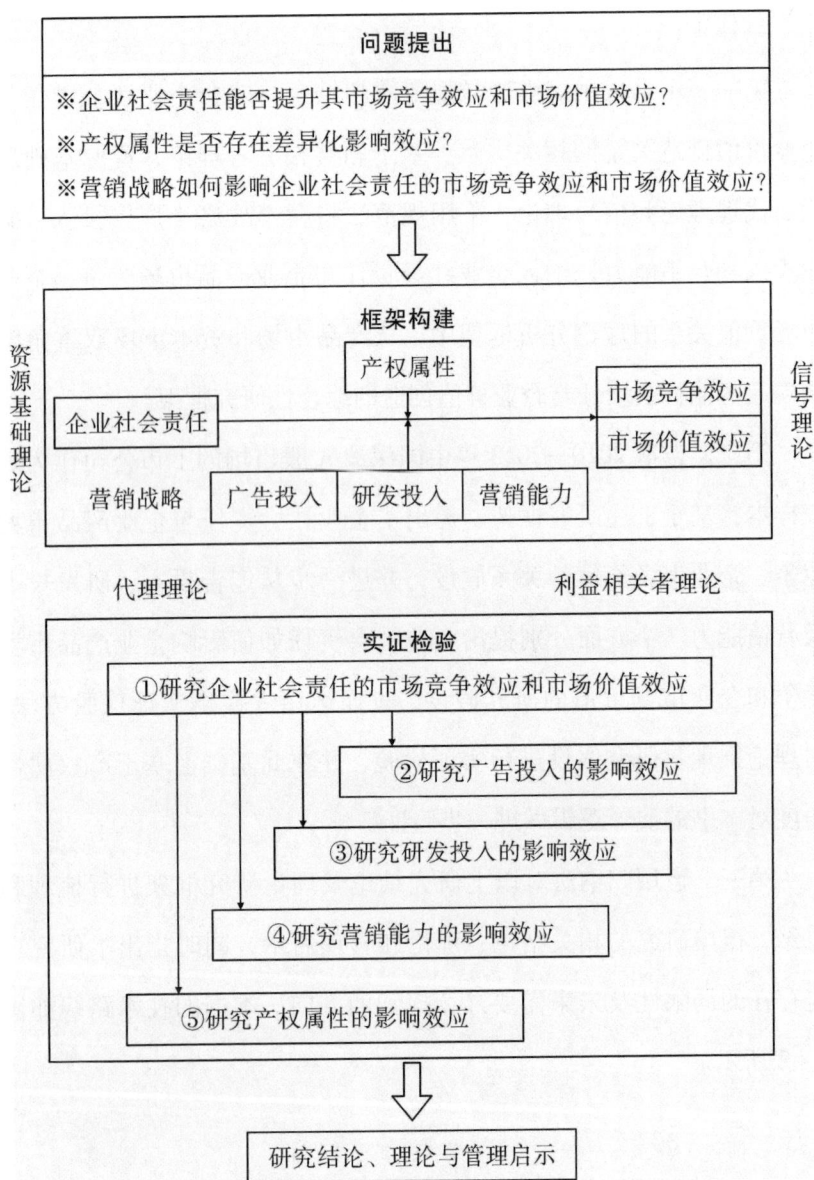

图1-2　本书的技术路线

第四节 研究内容与结构安排

本书的研究内容与结构安排如图 1-3 所示：

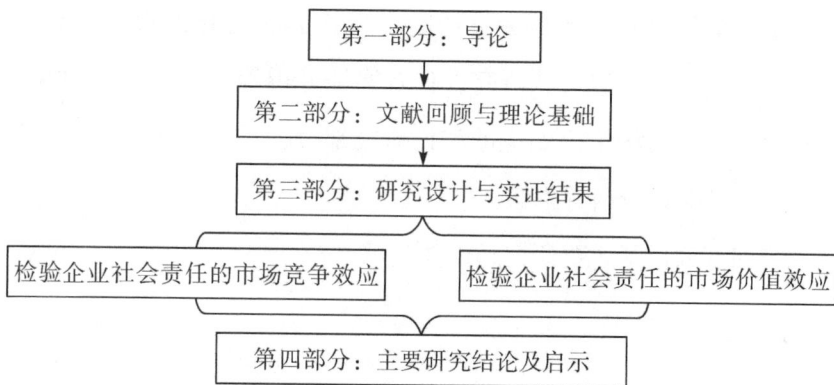

```
┌─────────────────────────┐
│    第一部分：导论        │
└─────────────────────────┘
            ↓
┌─────────────────────────────────┐
│  第二部分：文献回顾与理论基础    │
└─────────────────────────────────┘
            ↓
┌─────────────────────────────────┐
│  第三部分：研究设计与实证结果    │
└─────────────────────────────────┘
┌──────────────────────────┐  ┌──────────────────────────┐
│ 检验企业社会责任的市场竞争效应 │  │ 检验企业社会责任的市场价值效应 │
└──────────────────────────┘  └──────────────────────────┘
┌─────────────────────────────────┐
│  第四部分：主要研究结论及启示    │
└─────────────────────────────────┘
```

图 1-3 本书的研究内容与结构安排

第一部分为导论。该部分从现实层面和理论层面简要介绍了研究的选题背景，并进一步提出了"企业社会责任能否为企业创造价值"和"企业社会责任如何为企业创造价值"这两个研究问题，接下来针对这两个研究问题提出了研究思路，并对本研究的创新之处进行了阐述。最后，简述了本书的研究方法与技术路线、研究内容与结构安排。

第二部分为文献回顾与理论基础，由第二章和第三章构成。第二章重点从企业社会责任的概念演变、维度划分、概念争论以及概念拓展四个方面回顾了企业社会责任的内涵及其演进。同时，对企业社会责任的影响效应进行了归纳总结，然后围绕"企业社会责任到底能不能为企业创造价值"这一争论对相关观点和解释逻辑进行了梳理和总结。第三章引入了本书的理论分析基础，详细阐述了利益相关者理论和资源基础理论，并进一步提出了理论框架。

第三部分为研究设计与实证结果，由第四章和第五章构成。其中，第四章为检验企业社会责任的市场竞争效应的实证研究部分，具体内容包括研究假设、研究设计及实证分析等。第五章为检验企业社会责任的市场价值效应的实证研究部分，也包括研究假设、研究设计以及实证分析等内容。

第四部分包括主要研究结论及启示。

第二章　文献综述

第一节　企业社会责任的内涵及其演进

一、企业社会责任的概念演变

企业社会责任的概念历经了一个长期而多样化的演变过程（Carroll，1999），其定义及相关概念（如企业社会绩效、企业可持续发展及企业公民）的演进历程表现出明显的模糊性和复杂性（De Bakker，et al.，2005），引起了学术界、企业界以及非政府组织的持久争论和探讨。随着时间的推移，企业社会责任的核心内容已从最初的"减少消极的社会影响"转换成"为社会做好事"这个更为普通的概念。Carroll（1999）在对企业社会责任发展的回顾中表示，企业社会责任这一概念起源于20世纪三四十年代，其中H. R. Bowen的贡献最大，被称为"企业社会责任之父"。

Carroll（1999）将20世纪企业社会责任的概念演变归纳为四个阶段：20世纪50年代，现代企业社会责任开始出现；20世纪60年代，学术界主要聚焦对企业社会责任这一概念如何界定；20 世纪 70 年代，学术界试着借用公共责任、企业社会绩效等相关概念和内容来进一步明确和丰富企业社会责任的内涵和外延；20 世纪八九十年代，更多的衍生理论和概念如利益相关者、企业社会绩效、企业伦理以及企业公民等在学术界得到广泛运用。Lee（2008）归纳了各个阶段企业社会责任研究的关注焦点：20 世纪五六十年代主要研究商人的社会责任；20 世纪 70 年代提出和流行"开明自利"的理论观点；从 20 世纪 80 年代开始，学术界深入探讨企业社会绩效的研究模型；20 世纪 90 年代的关注焦点转移到战略管理视角。而 Visser（2010）将企业社会责任的演进历程划分为贪婪、慈善、营销、管理和责任五个阶段，企业社会责任实践的每个阶段都呈现出不同模式：贪婪阶段的企业社会责任以防御性和被动型为主要特征，慈善阶段的企业社会责任以慈善性和亲社会型为主要特征，营销阶段的企业社会责任以宣传性为主要特征，管理阶段的企业社会责任呈现出战略性特点，而责任阶段的企业社会责任则是以系统性和全局性为主要特征（肖红军、李伟阳，2013）。

企业社会责任的概念包括基于企业自由裁量的自愿性实践、道德义务以及为回应社会预期而开展的相应活动（Carroll，1979；Jones，1980）。McWilliams 和 Siegel（2001）对企业社会责任进行了定义，即"在企业利益之外而不在法律规定范围之内，并且旨在进一步改善社会福利的企业行动"。近年来，企业社会责任相关研究文献中不断涌现新的观点，如"战略性企业社会责任"（Kotler & Lee，2005）和"共享价值创造"（Porter & Kramer，2011）。有关企业社会责任的研究很丰富，详细的介绍请参见 Peloza 和 Shang（2011）、Aguinis 和 Glavas（2012）、肖红军和李伟阳（2013）、李国平和韦晓茜（2014）、刘玉焕和井润田（2014）的相关研究及文章。

各种概念的层出不穷说明一个正式的、最新的企业社会责任概念还未形成。尽管企业社会责任是一个现代概念，但企业社会责任的思想却源远流长，其最早可追溯到"商人"的社会责任，表2-1列出了有关企业社会责任的部分重要定义及其概念特质（Maon, et al., 2010）。

表2-1　企业社会责任部分重要定义及其概念特质①

学者	术语名称	定义	概念特质		
			企业社会责任承诺的本质	理论方法	企业社会责任承诺的对象
Bowen（1953）	"商人"的社会责任	商人的义务，即商人要遵循社会的价值和目标以制定政策、做出决策或遵循行动方针	道德义务	道德性	社会整体
Davis（1960）	"商人"的社会责任	商人决策和行动的理由至少部分超出企业经济或技术上的直接利益，商人的社会责任需要与其社会权利相称	自由裁量	政治性	社会整体

---

① 资料来源：Maon F, Lindgreen A, Swaen V. 2010. Organizational stages and cultural phases: a critical review and a consolidative model of corporate social responsibility development. International journal of management reviews, 12（1）: 20-38.

（续上表）

学者	术语名称	定义	概念特质		
			企业社会责任承诺的本质	理论方法	企业社会责任承诺的对象
Friedman (1970)	"商业"的社会责任	只要遵循游戏规则，企业就可以利用其资源开展以提高利润为目的的活动，即不涉及作假或欺诈地参与自由开放的竞争	道德义务	工具性	股东
Sethi (1975)	社会责任	将企业行为上升到一个与普遍的社会规范、社会价值观以及社会对企业表现的期望相一致的水平	自由裁量	整合性	社会整体
Davis & Blomstrom (1975)	社会责任	决策制定者有义务采取措施保护和提升其自身利益并改善社会整体的福利	道德义务	整合性	社会整体
Carroll (1979)	"商业"的社会责任	某一特定时期内社会对组织所具有的经济、法律、道德以及自由裁量的期望	道德义务	整合性	社会整体
Jones (1980)	企业社会责任	企业对社会成员而不仅是股东负有责任和义务，而且其义务超越了法律和工会合同的规定	道德义务	整合性	特定利益相关者群体

（续上表）

学者	术语名称	定义	概念特质		
			企业社会责任承诺的本质	理论方法	企业社会责任承诺的对象
Drucker（1984）	"商业"的社会责任	为了将"龙"驯服，就必须将社会问题转变为经济机会和利润、生产能力、人力优势、待遇优厚的工作和财富	自由裁量	工具性	内部利益相关者
Maclagan（1998）	企业社会责任	看作某一过程，在该过程中管理者负责识别受组织行为影响的群体的利益，并与之保持一致	自由裁量	整合性	特定利益相关者群体
欧盟（2001）	企业社会责任	企业自愿将社会和环境的考量整合到企业运营以及与利益相关者互动的过程	自由裁量	整合性	特定利益相关者群体
McWilliams & Siegel（2001）	企业社会责任	超越了受法律约束的企业利益，促进了社会福利的行为	自由裁量	整合性	社会整体
欧洲企业社会责任协会（2003）	企业社会责任	企业为了给股东和利益相关者创造价值，通过革新战略、组织和运营，管理自身并且改善其社会和环境影响的方式	自由裁量	整合性	特定利益相关者群体

（续上表）

学者	术语名称	定义	概念特质		
			企业社会责任承诺的本质	理论方法	企业社会责任承诺的对象
Kotler & Lee (2005)	企业社会责任	通过自愿性企业实践和贡献企业资源促进社区福利的承诺	自由裁量	整合性	社会整体

二、企业社会责任的维度划分

企业社会责任是一个复杂的概念，涉及多种类型和多个维度。Carroll（1991）提出了企业社会责任的金字塔模型，该模型描绘了企业社会责任的四个组成部分，如图 2-1 所示。从最基础的底部开始，经济责任为其他责任奠定了坚实的基础。在经济责任的基础上，人们期待企业遵守法律和法规，因为法律是社会对可接受和不可接受行为做出规定的正式条文。接下来，企业社会责任必须做到符合伦理要求，其最基本的要求是企业有义务保证自身行为符合正当、公平和正义原则，并且避免或尽量减少对利益相关者（消费者、员工、投资者、供应商以及环境和社区等）的伤害。最后，在最顶层，人们期望企业能成为优秀"公民"，这便是慈善责任，即人们期待企业能为社区贡献资源，提高公民生活品质。

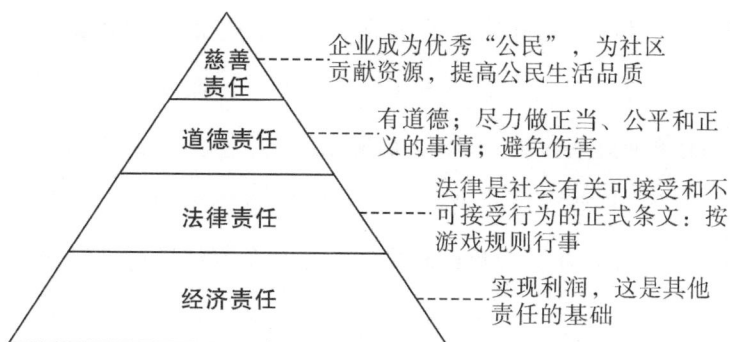

图 2 - 1 企业社会责任金字塔模型①

Matten 和 Moon（2008）界定了企业社会责任的两种类型，即显性企业社会责任和隐性企业社会责任。其中，显性企业社会责任是指为实现某些社会利益而承担的责任，通常包括企业的自愿性项目和经营战略，这些项目和经营战略能将商业价值和社会价值相结合，而且能解决被视为企业社会责任组成部分的议题。显性企业社会责任应该对利益相关者的压力有所响应，这可能涉及与政府、非政府组织以及其他企业联盟的合作。另外，显性企业社会责任是基于企业的自由裁量，而不是政府机构或者其他更广泛的正式或非正式机构的自由裁量。隐性企业社会责任通常包括各种价值观、规范、规则以及对企业（强制性或惯例性）的要求，要求企业解决各种利益相关者议题，而且规定企业作为集体行为主体而非个体行为主体需要承担的适当义务。综上所述，显性企业社会责任是一种深思熟虑

① 资料来源：Carroll A B. 1991. The pyramid of corporate social responsibility: toward the moral management of organizational stakeholders. Business horizons, 34 (4): 39 - 48.

的、自愿的且通常是战略性的企业决策，显性企业社会责任使企业
有更多的动力和机会去承担更加显性的责任，而隐性企业社会责任
则隐含于各种更广泛的组织责任体系中，是一种对企业的制度环境
所做的响应，这些体系使企业缺乏承担显性社会责任的动力和机会。
表2－2对显性企业社会责任和隐性企业社会责任进行了对比。

表2－2　显性企业社会责任和隐性企业社会责任的对比①

显性企业社会责任	隐性企业社会责任
用以描述那些对社会利益承担责任的企业行为	用以在更广泛的正式和非正式制度背景下实现社会利益和考量社会议题所扮演的角色
主要包括企业的自愿性项目和经营战略	主要包括各种价值观、规范和规则，并形成对企业某种强制性或惯例性的要求
不同利益相关者的期望为企业提供了各种动力和机会	受到社会包括企业在内的主要社会团体对其角色和贡献的合理期望这一社会共识的驱动

多数研究主要从利益相关者角度考虑企业社会责任的维度结构，
包括社区、环境、消费者和员工等（El Akremi, et al., 2015；Tur-
ker, 2009），因此，这些研究将企业社会责任划分为环境责任、产
品责任、多样性责任、企业治理责任、员工责任和社区慈善责任等

---

① 资料来源：Matten D，Moon J. 2008. "Implicit" and "explicit" CSR: a conceptual framework for a comparative understanding of corporate social responsibility. Academy of management review, 33 (2): 404－424.

（Mishra & Modi，2016）。然而，由于企业社会责任的接受者通常来自企业内部或外部，也有研究将其进一步区分为内在企业社会责任和外在企业社会责任（Farooq，et al.，2017；Hawn & Ioannou，2016）。内在企业社会责任与外在企业社会责任的区别在概念上与利益相关者理论中的内部与外部受众之间的区别类似（Freeman，1984；Freeman，2010），前者主要指企业与消费者、委托人（如股东）和员工等相关的内部企业社会责任行为，如针对员工的内在企业社会责任，包括员工培训、继续教育项目、安全工作环境、多元化政策、工会组织以及薪酬福利待遇等内容（Brammer，et al.，2007；Turker，2009）；后者主要指与社区、环境和慈善事业等相关的外部企业社会责任行为，如针对社区的外在企业社会责任，包括支持人道主义事业、慈善捐助、社区发展投资以及与非政府组织的合作（Farooq，et al.，2014）。

Aguinis 和 Glavas（2012，2017）还提出了嵌入式企业社会责任与外围式企业社会责任之间的区别。其中，嵌入式企业社会责任意味着将企业社会责任整合到企业的组织战略和日常运营中，而外围式企业社会责任是作为一项不属于企业核心业务的活动来实现的，如慈善捐赠、公益项目和环保活动等。

三、企业社会责任的概念争论

给"企业社会责任"赋予一个公认的定义似乎有些困难："企业社会责任在理论和实践中均含糊不清"（Coelho，et al.，2003）。

关于企业社会责任的定义存在两大流派：其一认为企业社会责任的核心内容是在遵纪守法的前提下盈利（Friedman，1970；Levitt，1958），在这一流派中，自由放任资本主义与代理理论（Jensen & Meckling，1976；Ross，1973）均支持 Friedman（1970）对于企业社会责任的经典定义，认为唯一的"企业社会责任就是在游戏规则范围内增加利润，即在自由竞争下，无欺骗或欺诈行为"。而功能主义理论可以用来支持 Levitt（1958）对企业社会责任的类似定义，就是企业在寻求"物质利益"的同时只需遵守基本"文明"即可。其二则认为企业应对社会承担更多的责任（Andrews，1973；Davis，1975），即企业不仅应承担经济和法律责任，还应承担某些社会责任。Carroll（1979）对企业社会责任进行了归类："企业的社会责任包括社会在某一特定时间段内对组织在经济、法律、伦理及自由裁量（慈善）方面的期望。"而这一流派关于企业社会责任的定义源于一系列的理论支持——道德人格或道德代理理论（French，1979；Goodpaster & Matthews，1982）、利益相关者理论（Carroll，1991；Freeman，1984）、社会权利理论（Davis，1975）等。

尽管有关企业社会责任其概念的文献在不断增加，但由于企业社会责任是一个"本质上存在争议的概念"，是"评价性的"（或被认作具有特定价值的）、"内在复杂的"，并且在具体应用上是相对开放的（Moon，et al.，2005），企业社会责任仍然没有一个可被广泛接受的概念。存在这一缺陷的理由是多方面的：其一源自美国和欧洲不同的经济传统，导致对企业应当承担什么责任有着不同的解释。美国认为企业社会责任除了法律和经济义务之外，主要关注的是"伦理责任"和"企业慈善"（Carroll，1979）；而对于大多数福利体系十分健全的欧洲来说，这些责任主要被视为政府的义务（Matten & Moon，2008）。这意味着政府要么必须通过法律来保证良好的企业行为，要么通过政府项目支持在社会中和经济上有困难的群体（Aßländer，2011）。此外，欧洲对企业社会责任的理解很大程度上受可持续发展和所谓的"三重底线"（经济底线、环境底线和社会底线）理念（Elkington，2004）的影响；而美国寄希望于企业将社会责任实践从企业慈善转变为可持续发展，以求企业在负责任的商业实践中达到更高的水平。

其二是企业设定和实施企业社会责任行为的目的不同。从工具性角度来看，企业社会责任被视为获取利润的直接或间接手段，即企业社会责任是一个管理成功的工具，能够创造声誉资本，从而为企业获得经济利益服务；政治性视角强调与组织有关的社会权利与义务，企业被视作应当参与其所在社区的政治行为的主体；整合性视角认为企业的延续和成长甚至生存都依赖于社会，并且企业要获得经营许可取决于社会可接受的企业政策，因此，主张企业应当融合社会需求，创造共同财富；伦理视角解释了蕴含伦理价值观的企业与社会之间的关系，因此，企业应该将社会责任视为一种超越其他考量因素的伦理义务（Garriga & Melé，2004）。

其三是企业社会责任与类似概念之间划分得还不够清楚，尤其是企业社会责任与企业伦理、利益相关者管理、可持续发展、企业公民等企业与社会关系领域的概念出现了某种程度上的混淆，而这些混淆会阻碍相关理论的发展（Schwartz & Carroll，2007）。例如，

De George（1987）提出"企业社会责任是企业伦理的一部分"的理念，而有学者认为，企业社会责任包含了企业伦理，即在 Carroll 模式中，企业伦理的概念属于道德响应的范畴（Joyner & Payne，2002）。De Bakker 等人认为，企业伦理、利益相关者管理、可持续发展和企业公民是"仅建立在企业社会责任之上"的概念（De Bakker，et al.，2005）。企业公民被认为包含企业社会责任、利益相关者管理、可持续发展和企业伦理（Schwartz & Carroll，2007）。在某些情况下，这些概念是可以互换使用的，例如，Van Marrewijk 和 Werre（2003）将可持续发展与企业社会责任等同，即"企业可持续发展以及企业社会责任皆指企业自愿性的活动"。有学者对以上概念间的相关争论进行了归结：其如何从一个或更多其他的概念"演进而来"（Carroll & Buchholtz，2009），如何"再概念化"为另一个或更多其他的概念（Matten，et al.，2003），或者如何被一个或更多其他的概念所"取代"或"补充"（Windsor，2001）。

虽然企业社会责任仍然没有一个可被广泛接受的概念，但是当前关于企业社会责任的各种概念都从不同角度反映了"把事情做好"这一观点（Kotler & Lee，2008）。从以往学者对企业社会责任概念的归纳来看，我们可以对企业社会责任的特征做如下阐述：①一个以利益相关者为导向的概念；②关注组织的自愿性承诺；③涉及的议题既贯穿组织内部又超越组织边界；④如果企业在其社会行为和生产过程中能够对其道德责任有足够的理解和认识，那么这将驱动企业社会责任的发展（Maon，et al.，2010）。McWilliams 和 Siegel 对企业社会责任进行了定义，即在企业利益之外而不在法律规定范围之内，并且旨在进一步改善社会福利的企业行为。

本书中，我们将企业社会责任定义为一个以利益相关者为导向、跨组织的责任，它受到组织经营活动的伦理责任意识驱动，以便寻求社会对组织合法性的认可。这一概念依赖于利益相关者概念，需要将企业社会责任切实纳入组织战略之中，此外，这个概念还强调，企业社会责任会为组织及利益相关者创造双赢局面（Maon，et al.，2009）。总体而言，企业社会责任行为属于企业的亲社会行为范畴，呈现出多种形式，如善因营销、慈善事业、员工公益服务和绿色营销以及任何旨在保护和改善社会福利的行为（Luo & Bhattacharya，2009）。具体来说，企业社会责任行为包括：研发具有社会和环境特性的产品；采用能减轻环境影响的生产方式；运用关心员工与塑造良好劳动关系的人力资源系统；投资当地社区的基础设施建设；致力于慈善事业等（Aguilera，et al.，2007；McWilliams & Siegel，2001）。

要定义对社会负责的企业行为并不简单，我们还可以通过几个不同的维度来界定企业社会责任行为的重要方面。这些维度可能包括以下衡量指标：在对待员工方面，企业的工资、福利和工作场所安全性如何；在对待消费者方面，其产品质量、广告真实性和定价如何；在对待供应商方面，其对合同的履行和对非正式承诺的遵守情况如何；在对待政府方面，其在法律范围内的运营和对法律的遵守情况如何；在对待社区方面，其慈善捐赠情况和保护环境情况如何等（Campbell，2007）。

四、企业社会责任的概念拓展

对企业社会责任的研究是新概念和新思想不断涌现的演进历程。在学术界正式提出"企业社会责任"的概念之后,企业社会责任的思想和内涵也在不断演绎和发展。综观企业社会责任的相关研究,其经历了不同发展阶段,即20世纪60年代提出企业社会责任思想、70年代重点关注企业社会响应、80年代实证检验企业社会绩效与财务绩效之间的关系以及90年代提出企业公民理念(Carroll & Shabana,2010)。根据沈洪涛和沈艺峰(2007)的观点,20世纪70年代之前的各类概念属于狭义的企业社会责任,而之后出现的企业社会响应和企业社会绩效则可归为广义的企业社会责任。而实际上,企业社会责任、企业社会响应以及企业社会绩效这些概念是在对企业履行社会责任的认识逐步深化的过程中提出的,这些概念对企业履行社会责任的边界和本质认识存在显著差别。在以上概念的基础上,理论界也相继提出了利益相关者管理、企业社会品德、可持续发展、三重底线和企业公民等相关概念,进一步发展和完善了企业社会责任的概念体系,形成了更加清晰和丰富的企业社会责任概念的演进历程,如图2-2所示。

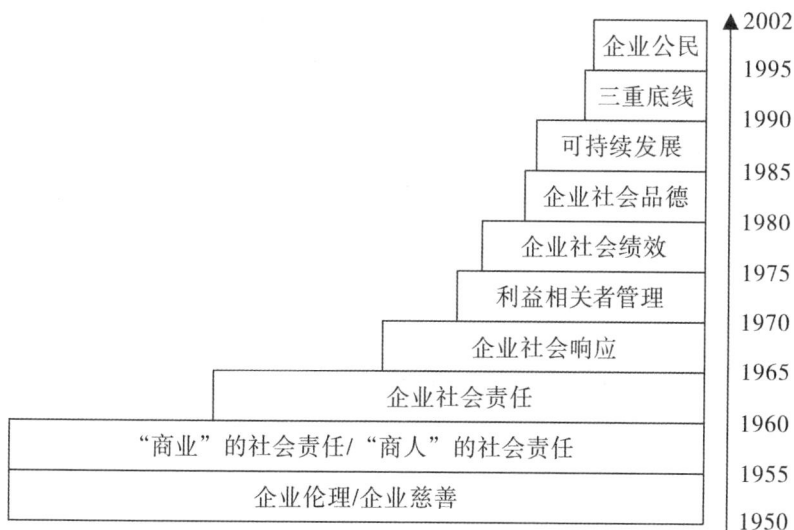

图 2 - 2　企业社会责任的概念拓展①

（一）企业社会响应

狭义的企业社会责任概念提出后引起了学术界和企业界的激烈
讨论和争论，Frederick（1994）将争论归结为四点：第一，从实操
角度来看，企业社会责任的内容和本质含糊不清；第二，假定"企
业社会责任"的概念可以澄清，那么"企业社会责任"的理念需要
何种制度机制来保障其实际作用的发挥；第三，如何实现经济目标
与经济成本、社会目标与社会成本的平衡？尤其是社会目标和社会
成本是很难准确衡量的；第四，"企业社会责任"这一概念的道德基
础既不清晰也未能达成一致。学术界和企业界对企业社会责任的研

---

　　①　资料来源：De Bakker F G, Groenewegen P, Hond F Den. 2005. A bibliometric analysis of 30 years of research and theory on corporate social responsibility and corporate social performance. Business & Society, 44（3）：283 - 317.

究并未继续停留在对概念的争论上，转而开始关注有关企业生存的实实在在的议题，由此对企业社会责任的研究从企业是否应该承担社会责任的道德争论转向了企业的管理过程。

企业社会响应是企业将社会责任原则与行为结果联系起来的一连串跨界行为（Visser, et al., 2010）。Ackerman（1973）作为最早提出企业社会响应概念的学者，构建了企业社会响应的三阶段模型，即认识阶段、专人负责阶段和组织参与阶段。企业社会响应主要关注企业的行为，将企业看作机械式的"刺激—反应"系统，这从某种程度上说明企业履行社会责任的态度可能会不尽一致，且不同企业社会响应的行为结果也存在差异。此外，企业社会响应隐含了企业履行社会责任的重点是对特定社会议题的响应，如环境、公益等。因此，企业社会响应可以认为是一种被动式的、非全面的、议题式的企业履行社会责任行为（李伟阳、肖红军，2012）。

企业社会责任聚焦责任的性质和范围，而企业社会响应属于实践导向而非规范导向。企业社会响应被用来描述企业对外部社会需求的行为反应的过程，如支持社会响应的企业会监控、评估和应对社会需求及其相关问题，并灵活应对利益相关者所关注的潜在问题。对于企业社会责任与企业社会响应的关系，存在两种不同的观点：一种观点认为企业社会响应是超越企业社会责任的一个新阶段。Sethi（1979）指出，依据合法性划分标准，企业社会行为可以划分为企业社会义务、企业社会责任和企业社会响应三个阶段，因此，企业社会响应被认为"在一个革命性的过程中超越了企业社会责任"。另一种观点认为企业社会责任与企业社会响应是一组并行的概念，虽然各有侧重，但同等重要，如 Epstein（1987）提出，企业社会责任、企业社会响应与企业伦理可以同时被列为企业社会责任绩效的三大概念。

（二）企业社会绩效

企业社会响应概念的提出弥补了企业社会责任应用性不足的缺陷，但并未解决企业社会责任概念模糊性的问题。一些学者将企业社会责任和企业社会响应二者整合起来，提出了"企业社会绩效"这一概念，企业社会绩效被清晰地界定为"企业行为的结果"。Sethi（1975）认为，企业社会责任亟须一个新的解释框架，以便企业社会绩效的结构和维度得以确定和衡量。Carroll（1979）构建了第一个企业社会绩效的框架模型，这一模型又被称为"企业社会绩效的三维概念模型"，它由企业社会责任、企业社会响应和企业社会议题管理三个维度构成，其中，企业社会责任维度包括经济责任、慈善责任、法律责任和伦理责任四部分；企业社会响应维度由反应性、防御性、适应性和主动寻变性（前瞻性）四种模式构成；企业社会议题管理可以理解为，由于社会议题不断变化且不同行业所面对的社会议题大不一样，应权变地看待和处理企业面临的社会议题。

企业社会绩效是指企业在慈善捐赠、绿色营销、善因营销以及员工公益服务等企业社会责任行为中表现出相对于其主要竞争对手而言的整体绩效（Brown & Dacin，1997；Luo & Bhattacharya，2006）。Wood（1991）将企业社会绩效定义为一个由企业社会责任理念、企业社会响应过程以及与企业社会相联系的政策、项目和行为结果等组合而成的商业组织架构。企业社会绩效区别于企业社会责任，主要表现在三个方面：第一，企业社会责任是指企业在责任和持续性方面的项目和投资，而企业社会绩效代表了利益相关者对这些项目和投资质量的整体评价（McWilliams & Siegel，2000）；第二，企业社会责任只涉及企业非累积性或一次性的亲社会行为，而企业社会绩效可以表示企业在某一段时期内累积性的历史行为（Barnett，2007）；第三，企业社会责任是一种非竞争性行为，而企业社会绩效涉及行业层面的竞争状况（Luo & Bhattacharya，2009）。

企业社会绩效将企业社会责任、企业社会响应以及企业社会议题管理等多个维度整合起来，试图基于多个维度来阐释企业与社会的关系的本质，进而从理论上明确企业的合理行为，然而，这一概念的提出并未以更加主动和积极的视角去透视企业与社会之间的关系，本质上仍然是反映企业为消除各种可能的社会风险而开展主动或被动的响应。因此，在某种意义上，从企业社会责任过渡到企业社会绩效的概念之后，这一概念体系还须进一步完善和发展，而价值创造成为其内涵的新起点和研究的新视角（李伟阳、肖红军，2012）。

综上所述，企业社会责任与企业社会响应、企业社会绩效，甚至利益相关者管理、企业社会品德、可持续发展、三重底线、企业公民等相关概念相互交织，既相互联系也存在区别，而本研究中并不对这些概念进行严格区分及运用，反而统一以"企业社会责任"这一概念作为研究的目标变量。

（三）企业公民

从 20 世纪 90 年代开始，学术界对"企业社会责任"的概念体系进一步深化和完善，在最新的相关概念中，学者们关注最多、最常用的概念是"企业公民"。随着企业社会责任实践的深入与发展，"企业公民"的概念也得到了进一步的演绎和发展，因此，可以说"企业公民"思想的提出与发展也是企业社会责任理论与实践推进的必然结果。Matten 和 Crane（2005）将"企业公民"思想归纳为三大观点：其一是企业公民的局部观。早期的"企业公民"概念侧重于企业的公益和慈善（Carroll，1991），并将企业公民看成企业社会责任的一个组成部分。以 Epstein 等人（1989）为代表的学者指出"企业公民"概念的核心就是企业对社区的介入，并承担着社区的一部分责任，这表明"企业公民"概念属于原有"企业社会责任"概念框架下的一个层面。其二是企业公民的等同观。部分学者尝试将"企业公民"概念看成一个涵盖企业和社会关系的新概念，进而将"企业公民"概念等同于"企业社会责任"概念。提出企业公民的"四面责任"，即企业公民与企业社会责任一致，也存在经济责任、道德责任、法律责任和慈善责任四个层面的责任。其三是企业公民的超越观或延伸观。例如，有学者认为"企业公民"概念使得企业重新认识到企业在社会中的位置，即企业与社会中的其他"公民"相互依存，并一起构成社区。

Waddock（2004）指出，企业公民将企业社会责任与利益相关者理论联结起来，也将企业绩效与利益相关者、自然环境融合在一起。Valor（2005）将"企业公民"看成一个比"企业社会责任"更为积极的概念，它重新界定了企业与社会之间的关系，并借助公民意识来明晰其内涵。企业公民的延伸观是对管理学、社会学和经济学的运用，也超越了传统的企业社会责任的特征，它合理承载了公民的核心理念，与企业社会责任的本质有着天然的一致性，然而，较之于企业社会责任，"企业公民"这一概念在精神表达、行为展示和责任履行上更具公民意蕴，更符合企业的社会存在本质和存在特性（霍季春，2008）。

第二节　企业社会责任的影响效应

"企业社会责任能否为企业创造价值"这一问题受到了学者、企业人士、社会公众以及政策制定者的广泛关注（Mackey, et al., 2007；McWilliams & Siegel, 2001；Orlitzky, et al., 2003；Wang & Bansal, 2012）。大量研究从理论和实证层面对企业社会责任和企业价值创造的关系进行了探讨，以往研究表明，企业社会责任存在积极或消极的经济效应。Peloza（2009）对128篇企业社会责任的相关文献进行了回顾和分析，结果显示59%的研究认为企业社会责任存在积极的经济效应，27%的研究呈现出复杂或微弱的经济效应，而14%的研究还表现出消极的经济效应。总体而言，企业社会责任一方面有利于企业创造商业价值、开发战略资源、规避市场风险；另一方面也导致企业经营成本上升，并可能构成企业管理者隐性的代理成本，从而损害企业竞争力、降低企业价值。笔者对企业社会责任的影响效应进行了归纳，如图2－3所示。

一、企业社会责任的积极效应

如图 2 - 3 所示，企业社会责任不仅能为企业带来经济效应，也能以合法性和良好声誉为企业带来社会收益（Burke & Logsdon，1996；McWilliams，et al.，2006），这些社会收益均可归类为战略性组织资源（Barney，1991；Wartick，2002）。合法性的定义为：外部受众通过判断认为企业行为满足利益相关者的预期，并且与他们信奉的准则、价值观和信仰一致（Deephouse & Carter，2005）。企业社会责任的合法性利益可以通过两种形式获得：其一是实用合法性利益，当利益相关者认为企业社会责任能为他们带来最大利益时，就将获得实用合法性利益，进而获得社会认可和支持；其二是道德合法性利益，当企业社会责任从整体上被判定为能为社会系统谋福利的正确行为时，企业就将获得类似于道德合法性的利益（Suchman，1995）。另外，当利益相关者认为企业采取的行为与其他企业相比是可预测和切实可行的，并且值得尊重时，那么该企业就将获得声誉利益（Wartick，2002），进而有利于形成一种"以声誉资源为基础的良性循环"（Miller，2003）。

企业社会责任

调节变量

※制度条件（Campbell，2007）
※组织文化（Bansal & Roth，2000）
※广告投入或消费者信任度
（Servaes & Tamayo，2013）
※财务业绩与盈利能力（Brammer &
Millington，2004；Johnson &
Greening，1999）
※冗余资源（Graves & Waddock，
1994）
※债务水平（Waddock & Graves，
1997）
※企业风险（McGuire，et al.，1988）
※企业规模（Brammer，et al.，2009）
※企业社会责任行动的可见性
（Servaes & Tamayo，2013）
※研发投入或企业创新水平（Luo &
Bhattacharya，2006）
※产品质量（Luo & Bhattacharya，
2006）
※企业社会责任的实施阶段（Arya &
Zhang，2009）
※监管者影响（道德价值观，资产敏
感度）（Muller & Kolk，2010）

企业社会责任的影响效应

※企业声誉（Brammer & Pavelin，2006；
Fombrun & Shanley，1990）
※消费者对企业和产品的评价（Brown &
Dacin，1997；Ellen，et al.，2000）
※消费者选择企业和产品（Arora &
Henderson，2007）
※消费者忠诚度（Maignan，et al.，1999；
Schuler & Cording，2006）
※道德资本（Godfrey，2005）
※企业财务绩效：共同基金回报、资产收
益率、股权收益、销售额（Arya & Zhang，
2009；Barnett & Salomon，2006；Brammer &
Millington，2008；Hull & Rothenberg，2008；
Schuler & Cording，2006）
※减少企业风险（Bansal & Clelland，2004；
Godfrey，et al.，2009）
※竞争优势（Greening & Turban，2000）
※吸引投资者（Graves & Waddock，1994）
※良好的管理实践（Waddock & Graves，1997）
※运营效率（Godfrey，et al.，2009；Sharma &
Vredenburg，1998）
※员工对组织的认同（Carmeli，et al.，2007）
※组织公民行为（Jones，2010；Lin，et al.，
2010）
※员工敬业度（Glavas & Piderit，2009；Hull &
Rothenberg，2008）
※员工承诺（Maignan，et al.，1999；Strike，
et al.，2006）
※企业对未来员工的吸引力（Greening & Turban，
2000；Turban & Greening，1997）

图 2 - 3　企业社会责任的影响效应

　　首先，企业社会责任帮助企业构建战略资源，包括密切的利益相关者关系和积极的企业声誉，可以直接创造经济效应。通过企业社会责任相关活动，企业向外界传递一个良好的企业公民形象，积极的企业社会责任声誉使企业获取和维持合法性（Chiu & Sharfman，2011），使企业产品和服务获得溢价（Servaes & Tamayo，2013），可以招聘和留住优秀员工（Greening & Turban，2000），并且获得投资者的青睐（Mackey，et al.，2007）。另外，履行企业社会责任既是

获得（潜在）消费者和一般公众好感、提升企业社会形象、增强竞争优势的营销战略，又是获得政府认可或者满足政府期待，用以构建、维护和巩固政治关联，从而获取政府支持的一种手段（张建君，2013）。张敏等人（2013）指出，以慈善捐赠为代表的企业社会责任行为具有明显的政企纽带效应，这是强化它们和政府之间关系的重要途径。有学者进一步提出，中国民营企业的慈善捐赠能为企业带来融资便利、政府补助、投资机会等多方面的经济实惠（戴亦一等，2014）。

其次，企业社会责任相关活动在某种程度上能让企业有效规避风险而间接创造经济效应（Godfrey，et al.，2009；Luo & Bhattacharya，2009）。企业通过履行"企业利益之外而不在法律规定范围之内，并且旨在进一步改善社会福利的企业行为"，可以避免由于遵循严格的行业标准和法律规定而产生额外费用（Cheng，et al.，2014）。另外，对于履行社会责任的企业来说，如果面临某种突发事件或负面新闻，由于企业社会责任行为能提高企业的声誉和社会认同度，这种声誉资本或道德资本可以缓解突发事件或负面新闻的消极影响和来自主要利益相关者的严厉制裁（Godfrey，et al.，2009）。从声誉角度看，以往某些企业由于社会责任的缺失，企业在危机中有可能因为没有声誉资本的"保险"作用而遭受严重的损失。基于经济理性的视角分析，这些企业会试图通过重大危机和灾难后的社会责任行为改善企业形象，使企业看起来"负责任"，即赢得一种声誉资本或道德资本，通过改善和维系与关键利益相关者的关系，获得重要资源以应对灾难带来的负面效应，进而提高企业价值。也有学者通过将宏观的制度环境因素与微观的企业社会责任行为联系起来，指出在市场竞争中处于弱势地位、不具备足够政治合法性的民营企业可能"被动选择"政治性慈善行为以换取制度环境的稳定性或寻求庇护以避风险（唐跃军等，2014）。

二、企业社会责任的消极效应

企业社会责任相关活动也会由于增加企业成本而减少经济回报、偏离企业战略重心以及增加企业管理者隐性的代理成本等。在当今竞争激烈和社会意识高涨的环境下，企业管理者在平衡股东价值和社会福利上面临不断加剧的压力和挑战（Hull & Rothenberg，2008）。由于企业有限的资源和竞争力，要实现这种平衡对于企业来说并非易事（Mishra & Modi，2013）。企业社会责任相关活动可能与其他重要的经营战略争夺有限的企业资源，企业社会责任行为耗费的资源越多，其他核心业务发展所急需的资源就越少（McWilliams & Siegel，2001）。也有学者指出企业社会责任虽然能提高企业的声誉和社会认同度，但由于公众对企业社会责任的预期要求会迫使企业承受巨大舆论压力（黄敏学等，2008），因此，企业社会责任可能是企业对其所面临的社会压力的一种回应，这种压力对于拥有政治身份的企业家而言尤为严重（高勇强等，2011）。另外，企业高管也可能基于个人利益而履行企业社会责任，这不仅可以改善管理者的公众形象，也可帮助管理者获得政治权力、公众尊重以及未来的职业机会（Wright & Ferris，1997），从而构成企业管理者隐性的代理成本（贾明、张喆，2010）。还有研究表明，以慈善为代表的企业社会责任行为并没有提升企业价值和获取"战略慈善"的有利经济后果（朱金凤、杨鹏鹏，2011），反而只是利用慈善捐赠来掩盖或转移外界对员工薪酬福利水平低、企业受环境影响大等问题的关注（高勇强等，2012）。

企业社会责任为企业带来的是积极还是消极的效应，也取决于利益相关者、企业环境和行业因素的差异和影响。从企业环境考虑，不断加强的监管可以强化企业社会责任的影响效应（Chatterji & Toffel，2010）。Chiu 和 Sharfman（2011）认为，对于利益相关者更容易触及其企业社会责任的行业，其企业社会责任的影响效应更显著。Russo 和 Fouts（1997）的研究进一步表明，行业增长可以强化企业社会责任与经济后果的关系效应。另外，企业层面的影响因素，如企业绩效、冗余资源以及债务水平等也会影响企业社会责任的影响效应。企业的财务绩效越好、冗余资源越多以及债务水平越低，企业社会责任的积极效应就越强烈（Brammer & Millington，2004；Graves & Waddock，1994；Johnson & Greening，1999；Waddock & Graves，1997）。Fry 等人（1982）发现，企业的可见性越高或者公众所触及的机会越多，企业社会责任与经济效应的关系也越强烈。

三、企业社会责任影响效应的边界机制研究

关于企业社会责任影响企业价值创造的边界机制研究相对较多，主要受企业层面和外部环境的影响，如企业自身特点、市场环境、

行业特点、社会、政治、文化等（刘玉焕、井润田，2014），归结起来，主要体现在以下两大方面：

一是企业层面的影响。Luo 和 Bhattacharya（2009）、Servaes 和 Tamayo（2013）、Wang 和 Qian（2011）发现，企业的可见性（广告投入）越高或者公众所触及的机会越多，企业社会责任与经济后果的关系也越强烈。另外，也有学者证实了企业创新能力（研发投入）能提升企业社会责任的价值创造效应，因为研发投入较多的企业可以更有效地促进产品和流程创新以满足不断变化的消费者需求，促进利益相关者对企业的感知和认同（Hull & Rothenberg，2008；Lou & Bhattacharya，2009；McWilliams & Siegel，2000）。

二是企业外部环境的影响。例如，Russo 和 Fouts（1997）的研究表明，在高增长行业中，企业环境责任的履行更有利于企业绩效的提升。Chiu 和 Sharfman（2011）指出，对于利益相关者更容易触及其企业社会责任的行业，其企业社会责任的影响效应更显著。也有研究表明，不断加强的监管可以强化企业社会责任的影响效应（Chatterji & Toffel，2010）。Wang 等人（2008）检验了环境动态性在慈善捐赠与财务绩效之间的调节作用，即在动荡环境中，企业对各个利益相关者的依赖程度增加，而企业慈善行为有助于向利益相关者传达良好的信息，降低企业与利益相关者之间的隐性契约成本，从而使企业获得更好的财务绩效。

第三节　企业社会责任与企业价值创造的关系

一、企业社会责任与企业价值创造关系的争论与解释依据

关于企业社会责任到底能不能为企业创造价值的争论由来已久（刘玉焕、井润田，2014）。如何将企业社会责任融入企业的战略目标和组织使命之中，从而架构起企业社会责任与企业价值创造之间的桥梁，这是一个令人困惑的问题，学者们分别从管理学、社会学和经济学等多个学科视角探讨了二者可能存在的关系（McWilliams & Siegel，2001；Orlitzky，et al.，2003；Wood & Jones，1995；Wright & Ferris，1997）。企业价值创造通常取决于企业盈利能力、市场价值或者增长率（Griffin & Mahon，1997）。虽说"行善"的企业也能"赚钱"（Simpson & Kohers，2002），但在企业社会责任和企业价值创造之间尚未建立令人信服的直接关系（Schuler & Cording，2006）。

Griffin 和 Mahon（1997）对 62 份实证研究进行了回顾，揭示了企业社会责任与企业价值创造之间的总体关系，其中相当一部分的研究结果显示二者呈现负相关关系。而 Roman 等人（1999）通过使用相同数据和不同方法，找到了企业社会责任与企业绩效之间呈现正相关关系的更多证据。Margolis 和 Walsh（2003）运用元分析发现在 109 项研究中有 54 项验证了企业社会责任与企业价值创造之间的正相关关系，28 项不相关，7 项负相关。Peloza（2009）对企业社会

责任相关的 128 篇文献进行了回顾和分析，结果表明：59% 的研究认为企业社会责任与企业价值创造之间存在积极的相关关系，27%的研究呈现出复杂或微弱的相互关系，而 14% 的研究表现出消极的相关关系。正如 McWilliams 和 Siegel（2001）所言，实证研究结论的不一致使得管理者对于实施企业社会责任行为没有一个清晰的方向。

一方面，新古典主义经济学家 Friedman 等人（1970）认为履行社会责任与创造企业价值在某种程度上是一致的，但与实现企业利益最大化以及为股东创造价值仍不一致，因为企业唯一的职责就是充分运用其资源为股东或投资者创造价值，即实现股东利益的最大化，而事实上履行企业社会责任可能会减损投资者利益，从而影响企业的价值创造效应。另外，他们还认为企业的资源是有限的，而企业社会责任行为不仅耗费企业资源，也可能与其他重要的经营战略争夺有限的企业资源，如广告和研发（R & D）投入，且战略管理研究者鼓励企业经营者把资源用于那些可以提高企业绩效和长期竞争力的领域（Porter & Kramer，2002）。企业履行社会责任将会耗费本该用于提高其股东经济价值和其他战略的资源，因此企业社会责任会导致企业成本增加、利润下降，使得承担社会责任的企业在竞争中处于劣势地位（Friedman，1970）。Galaskiewicz（1997）进一步指出，大部分企业对社会责任缺乏有效管理，将本应该用于提高企业生产效率或者分配给股东的资源投入企业社会责任活动，然而，企业社会责任有可能演变成高层管理者提高个人声誉和提升职业生涯的途径，这样看来，企业社会责任不利于企业绩效的提升。另外，媒体关注和舆论监督迫使企业履行更多的社会责任，并在一定程度上可能使企业偏离令股东财富最大化这一最终目标（徐莉萍等，2011）。

另一方面，随着企业社会责任相关研究的深入，越来越多的学者、企业人士、社会公众以及政策制定者相信企业社会责任能提高企业的价值创造效应。主流文献采用"开明自利"（enlightened self-interest）这一概念来解释企业履行社会责任的背后动机（Frooman，1997）。支持企业社会责任的战略视角的学者认为企业受利益驱动，理性做出了有关企业社会责任的"精明"决策。沿袭战略视角的学者们认为企业应当通过履行社会责任以达到战略目标（Mackey，et al.，2007），例如，Porter 和 Kramer（2006）明确建议企业不要盲目履行社会责任，而要仔细选择那些能够增强其竞争优势的战略行动。而战略性企业社会责任行为被认为是企业用来营造良好社会声誉，以便更好运营的行为，这类行为既是用来证明企业社会响应能力的方式，又有利于企业提高长期的价值创造效应。因此，企业社会责任行为对企业来说是一项长期的投资回报行为（Wang & Bansal，2012；Wood & Jones，1995）。

Cornell 和 Shapiro（1987）根据社会影响假说，认为企业通过履行社会责任，一方面可以降低利益相关者对企业的隐性索取权，另一方面可以提高企业的外部形象、强化企业声誉，最终为企业带来更好的价值创造效应。当企业表现出消极的社会责任行为时，利益相关者将会对企业的责任承诺和履约能力持怀疑态度，有可能将隐性契约转化为对企业而言成本更高的显性契约，比如强化监管、签订更为明晰的合同以强制企业更好地承担社会责任等。对于那些具有良好社会责任感的企业而言，其隐性索取权成本要比其他企业低，因此可以获得更高的价值效应。利益相关者理论也强调，组织的生存及成功取决于组织为主要利益相关者（并非限于股东）创造足够财富、价值或满意度的能力，所以，企业追求的是各个利益相关者的整体利益，而不仅仅是股东的利益最大化（Clarkson，1995；Freeman，1984）。因此，利益相关者理论为企业社会责任和企业价值创造的正相关关系提供了强有力的理论支持。

而 Jones（1995）进一步提出"工具性利益相关者理论"，指出企业社会责任行为可以深化企业与各个利益相关者的联系，提高企业在政府、消费者、员工、供应商以及社会公众间的声誉，增强其合法性，提高相互之间的信任程度（如增加员工认同感、消费者满意度和忠诚度等），减少搜寻和交易成本以及商业风险，最终达到提高企业价值创造效应的目标（Barnett，2007；Jones，1995）。随着资源基础理论的广泛运用，许多学者试图基于资源基础理论视角解释企业社会责任如何提高企业的价值创造。Surroca 等人（2010）基于资源基础理论，认为企业社会责任可以给企业带来宝贵的、稀缺的有形或无形资源和能力，如研发和创新能力、高效的人力资本、高效的组织运作流程以及具有社会责任感的企业文化等，从而提高企业的竞争地位，最终为企业创造价值（刘玉焕、井润田，2014）。

持上述观点的学者认为，尽管企业在履行社会责任中所耗费的短期成本无法避免，但通过有效的战略性社会责任行为能促使企业改善管理方式，提高运营效率以及产品质量等，并获得诸如声誉资本或道德资本等战略性资源，进而提高企业的竞争优势和财务绩效（Chernev & Blair，2015；Flammer，2015；Porter & Kramer，2006）。近年来，"战略性企业社会责任"和"共享价值创造"（Kotler & Lee，2006；Porter & Kramer，2011）的提出就是对上述观点的有力佐证。战略管理学家提倡企业管理者基于"企业和社会共享价值创造"开展战略性社会责任活动（Du，et al.，2015），做出"精明的"社会责任投资决策（Porter & Kramer，2002），将社会责任融入企业战略、资源、能力、流程、商业模式以及与利益相关者互动等方面，最终为企业和社会带来双赢（Gholami，2011a）。

二、企业社会责任与企业价值创造关系的梳理与总结

"企业社会责任否定论"基于经济理性从资本市场角度阐述了企业社会责任不能为股东创造价值的观点，而"企业社会责任肯定论"基于管理战略理论从产品市场角度阐述了企业社会责任可以提升企业的战略地位、获取战略性资源、实现经济有效性和社会合理性，最终提升企业竞争优势和企业绩效。尽管有关企业社会责任与企业绩效关系的这两种视角很清晰，但在实证研究中要整合并检验这两种视角却很困难。这是因为，虽然从产品市场角度来看，社会责任表现较好的企业可以获得更大的成长空间、市场份额和战略竞争优

势，然而，从资本市场角度来看，由于有可能存在过度投资问题，企业市场份额的扩张对股东而言并不一定是福音（陆正飞、韩非池，2013）。因此，从理论层面来看，在企业社会责任的市场竞争效应与市场价值效应之间，企业就只能做此消彼长的权衡取舍吗？

三、企业社会责任与企业价值创造关系研究评述

企业社会责任与企业价值创造之间的关系错综复杂，这一方面缘于以往研究对于各个利益相关者不同响应的混杂或是局限于单一利益相关者的研究（Wood & Jones，1995）。组织行为和战略相关研究主要聚焦投资者对企业社会责任的回应（Cheng，et al.，2014；Mackey，et al.，2007），而营销学相关研究视角集中于消费者对企业社会责任的响应（Korschun，et al.，2014；Luo & Bhattacharya，2006）。Wood 和 Jones（1995）指出，不同类型的利益相关者对企业社会责任的期望、经验与评价以及他们采取的最终能影响企业绩效的行为都存在很大差异，即便在同一利益相关者群体内也存在响应差异，将不同类型利益相关者的响应混在一起研究，可能是导致现有实证研究结论冲突的原因。而现实中企业的主要利益相关者，如消费者、员工、投资者、供应商以及监管部门等都可能受到企业社会责任行为的潜在影响（Clarkson，1995），可见将不同利益相关者对企业社会责任的差异化响应进行区别分析并整合讨论很有必要。因此，学术界有必要进一步整合组织行为、战略管理、财务以及营

销学相关研究，全面系统考察各个利益相关者对企业社会责任的响应。例如：从产品市场角度，可以进一步考察消费者对企业社会责任的认可或抵触程度；从资本市场角度出发，可以分析投资者对企业社会责任的支持或反对程度；从劳动力市场角度出发，可以考察现有或潜在员工对企业社会责任的拥护或认同程度；也可从 B2B 市场角度出发，进一步分析企业的上游供应商或下游零售商对企业社会责任的响应程度。

另一方面，大多数理论模型都假设企业社会责任与企业价值创造之间存在直接关系（Schuler & Cording，2006），而事实上，企业社会责任与企业价值创造的关系还取决于某些权变因素或情境条件的影响。近年来不少研究表明，企业社会责任与企业价值创造之间并非呈现出简单直接的线性关系，宏观层面的制度因素、利益相关者因素、企业环境因素、行业因素以及文化因素都会影响企业社会责任与企业价值创造之间的关系。另外，企业层面的因素如企业绩效、冗余资源、债务水平、企业的可见性、产品质量等，以及诸如管理者个人价值观、资产敏感性、企业员工的自由裁量权等个体层面的因素都会影响企业社会责任的价值创造效应。近年来，营销学相关理论和研究已经揭示了营销战略可以通过影响消费者对产品的态度和购买意愿来提高企业绩效，例如，广告投入一般代表着企业价值获取和实现的战略行动，企业通过积累品牌资产和顾客资源来提高未来的销售量和利润（Joshi & Hanssens，2009）。管理学相关研究表明，企业社会责任战略效应的发挥，还取决于企业层面特有的资源和战略行动的配合运用，如广告投入、研发投入和营销能力等（McWilliams & Siegel，2001；Morck，et al.，1988；Servaes & Tamayo，2013）。例如，McWilliams 和 Siegel（2001）指出，随着研发强度、行业广告强度等新变量加入企业社会责任与企业绩效关系的相关研究，两者的关系发生了变化。

总之，现有文献对企业社会责任与企业价值创造关系的研究还不够深入，且尚未得出一致的结论。多数研究仅从资本市场角度考察企业社会责任对企业绩效的影响，如股东价值（Mishra & Modi，2016）、企业非系统风险（Luo & Bhattacharya，2009）、企业市场价值（Hawn & Ioannou，2016；Kang，et al.，2016），而少数研究从产品市场角度实证研究企业社会责任的战略效应，更没有文献基于产品市场和资本市场的双重角度实证检验企业社会责任的市场竞争效应和市场价值效应，尤其是从战略互动角度深入研究企业社会责任与营销战略互动对企业产品市场竞争和企业市场价值的影响效应。本书整合产品市场和资本市场双重角度探究企业社会责任与营销战略的互动效应，从而丰富和拓展企业社会责任的理论研究。

第四节　营销战略的研究进展

"营销"这一术语涉及多层含义：管理哲学（以消费者为中心）、组织职能（市场营销部）、一系列的特定活动和决策（营销组合）（Hanssens & Pauwels，2016）。营销战略涉及营销计划与项目的选择以及营销资源的投入与分配（Slotegraaf, et al., 2003）。然而，由于企业没有公开营销战略方面的支出，很难获取企业层面的大量数据，有关营销战略与企业绩效关系的多数研究往往将广告投入（一般企业都会公布数据）作为营销战略的代理变量（Kim & McAlister，2011；Vitorino，2013）。但也有极少数研究涉及研发投入和营销能力。如 Luo 和 Bhattacharya（2009）从广告投入和研发投入两方面，分析了营销战略对企业社会责任与企业非系统风险关系的调节效应；又如 Mishra 和 Modi（2016）考察了企业社会责任与营销能力对股东价值的交互影响。以往研究试图从不同角度对营销战略的价值效应进行系统研究。我们将这些文献简要归纳为以下两个方面。

一、营销绩效的相关研究

营销绩效或营销投资回报（ROMI）的测量，即营销战略如何影响企业绩效的研究已成为企业关注的重点内容（Hanssens & Pauwels，2016），也是营销学所关注的核心问题（Katsikeas, et al., 2016）。传统的营销学研究更多地基于消费者视角探讨营销战略与目标市场绩效之间的关系，例如，营销活动对企业市场份额、品牌知名度和消费者满意度的影响（Joshi & Hanssens，2010）。然而，随着企业管理目标观念的不断变化，市场决策者越来越意识到股东价值最大化的重要性，这需要评估企业决策对产品市场响应和投资者响应的长期影响（Joshi & Hanssens，2010），营销战略作为企业管理的重要职能之一，如何评估其对股东价值的影响成为营销部门面临的重要挑战（Srinivasan & Hanssens，2009）。事实上，管理者往往将营销活动视为短期的账面支出，而非长期性的战略投入（Rust，et al.，2004），因此，在公司层面的众多决策中，营销活动很难有平等的"席位"（Lukas，et al.，2005；Rego，et al.，2009）。

Katsikeas 等人（2016）归纳了实证研究中有关营销绩效的六种测量方式：一是消费者心智测量，如品牌资产、消费者满意度；二是消费者行为测量，如消费者维系和口碑；三是消费者分级绩效测量，如客户收益率和客户终身价值；四是产品市场绩效测量，如单位销售量和市场份额；五是会计业绩测量，如利润率和资产回报率；六是资本市场绩效测量，如股东总回报、债券评级。其中，会计业绩和产品市场绩效在有关营销战略如何影响企业绩效的研究中一直处于主流地位，而市场份额这一指标应用最为广泛。然而，越来越多研究开始关注营销战略在资本市场领域的绩效产出，此类研究在营销类的重要期刊中不断涌出。这也反映出学术界越来越强调股东价值和以"营销—金融对接"为主线的研究方向（Katsikeas，et al.，2016；Rust，et al.，2004；Srinivasan & Hanssens，2009）。

无论是为了回应营销实践的需要，抑或是推进营销理论的发展，营销和金融研究者都有必要探索两个学科的融合（Edeling & Fischer，2016），并从理论层面揭示营销对于股东价值创造的重要作用，从而为营销在企业管理实践中的价值正名。正是在这种背景下，营销学研究者近年来不断关注"营销—金融对接"这一新兴研究主题，将营销的需求创造作用延伸至价值创造效应，揭示金融市场对企业营销的响应（如企业股票价格波动），从而促进营销理论和金融理论的丰富与发展（纪春礼、曾忠禄，2013）。

二、营销战略与企业绩效

如前所述，有关营销战略与企业绩效关系的研究往往将广告投入作为营销战略的代理变量（Kim & McAlister，2011；Vitorino，2013）。广告投入一般代表着企业价值获取和实现的战略行动，通过积累品牌资产和顾客资产来提高未来的销售、利润和股东财富（Joshi & Hanssens，2010）。营销学、战略学以及会计与财务学相关研究都表明，广告投入能直接或间接影响企业销售和财务价值（Luo & De Jong，2012）。Luo 等人（2007）指出，如果要合理评估营销支出并改进营销资源配置，营销模型中需要考虑营销支出对多个利益相关者的影响，如消费者和投资者。另外，Chemmanur 和 Yan（2009）认为，广告不仅可以向产品市场传递质量信息，从而让消费者更加理性地权衡企业产品的价格，也可以让股票市场投资者对企业项目的真实价值进行评估，从而使投资者能够更为理性地权衡企业的资产。在这一逻辑下，越来越多的研究从不同角度实证检验了广告投入对企业绩效的影响（Hanssens & Pauwels，2006；Moorman & Day，2016）。例如，有研究表明，企业广告所带来的股票回报其至超出了广告对收入和利润的影响（Joshi & Hanssens，2010）。Osinga 等人（2011）的研究还得出，广告投入从三个方面提升了股东价值，即股票回报、系统风险和非系统风险。

价值创造（通过对新产品和流程开发的研发投入）和价值获取（通过构建品牌和产品销售的广告投入）是两种影响企业成长、风险、绩效以及价值的主要战略（Krasnikov & Jayachandran，2008；McAlister，et al.，2007）。研发投入一般代表着企业价值创造的战略行动，使企业通过构建竞争壁垒并提升（可持续）竞争优势来提高企业利润、股票回报和企业价值（Mizik & Jacobson，2003）。研发投入这一变量的引入，突破了以往将广告投入作为营销战略的代理变量的研究局限。因为营销研究者一直呼吁从营销组合角度（包括产品、广告、价格促销和渠道）来衡量营销战略（Ataman，et al.，2010），而研发投入作为一种技术驱动与投资模式，能推进知识的积累以及产品和流程的创新，故新产品开发、新流程引入与研发投入息息相关（Hitt，et al.，1996）。源于研发投入的创新是企业价值创造的重要途径，大量研究已经证明了研发投入的价值效应，包括市场竞争效应、市场价值效应和更高的股票回报等（Moorman & Day，2016）。

由于营销能力是企业将营销资源（如广告宣传、促销活动、研发投入、无形资源以及顾客关系管理）转化为销售收入的效率（Dutta，et al.，1999；Xiong & Bharadwaj，2013），也是企业将研发投入和创新能力转化为商业化产品的能力，越来越多的研究以营销能力来衡量营销战略与企业绩效的关系，具体可参见 Moorman 和 Day（2016）、韩德昌和韩永强等（2010）的研究。Krasnikov 和 Jayachandran（2008）的元分析表明，营销能力对收入和利润的影响显著。另外，Kirca 等人（2005）的元分析表明，市场导向相关的营销能力直接影响财务、消费者、创新和员工相关的企业绩效。另外，有学者还证实营销能力可提升其他战略活动所带来的回报，如品牌收购（Wiles，et al.，2012），也可降低负面新闻对投资者响应的消极影响（Xiong & Bharadwaj，2013），营销能力与研发能力相互补充对企业绩效的影响更为显著（Dutta，et al.，1999；Moorman & Slotegraaf，1999）。

三、研究评述

第一，有关营销战略的测量，多数研究往往将广告投入作为营销战略的代理变量（Kim & McAlister，2011；Vitorino，2013），而营销研究者一直呼吁从营销组合角度（包括产品、广告、价格促销和渠道）来全面衡量营销战略（Ataman，et al.，2010），因此，有必要整合多个营销战略的测量变量，比如研发投入和营销能力，以进一步推动营销战略相关的实证研究。

第二，有关营销战略的研究比较丰富，而除了 Luo 和 Bhattacharya（2009）、Servaes 和 Tamayo（2013）、Mishra 和 Modi（2016）以外，很少有文献研究企业社会责任与营销战略的互动效应，并且仅有 Mishra 和 Modi（2016）考察了企业社会责任各维度与营销能力对股东价值的交互影响，因此，有必要进一步研究企业社会责任各维度与营销战略的互动效应，这正是本研究重点关注的内容所在。

第三，现有文献局限于以"营销—金融对接"为主线探讨营销战略对资本市场的影响效应，如非系统风险（Luo & Bhattacharya，2009）、企业社会价值（Servaes & Tamayo，2013）、股票回报和非系统风险（Mishra & Modi，2016）等。然而，目前还没有文献从产品市场和资本市场双重角度研究企业社会责任与营销战略互动对企业绩效的影响效应，而这正是本研究的独特视角所在。

本章小结

本章从企业社会责任的内涵及其演进、企业社会责任的影响效应、企业社会责任与企业价值创造的关系、营销战略的研究进展的视角对以往文献进行了综述。

首先，本章从企业社会责任的概念演变、维度划分、概念争论以及概念拓展四个层面阐述了企业社会责任的内涵及其演进。在企业社会责任的概念演变部分，描述了企业社会责任概念发展的阶段、企业社会责任的各类定义及其类型；在企业社会责任的概念演变部分，阐述了企业社会责任概念存在的争论及造成这种争论的原因；在企业社会责任的概念拓展部分，总结了企业社会责任概念和思想的演绎及发展历程，并介绍了企业社会响应、企业社会绩效、企业公民等衍生概念。

其次，本章归纳了企业社会责任的影响效应：企业社会责任一方面有利于企业创造商业价值、开发战略资源、规避市场风险；另一方面也会导致企业经营成本上升，并可能构成企业管理者隐性的代理成本，从而损害企业竞争力、降低企业价值。

再次，本章围绕"企业社会责任到底能不能为企业创造价值"这一问题对相关观点和解释逻辑进行了梳理和总结。本章还对营销战略的相关研究以及营销战略与企业绩效的关系进行了归纳和梳理。

最后，本章还提出，企业社会责任与企业价值创造的关系错综复杂，一方面缘于以往研究对于各个利益相关者不同响应的混杂或是局限于单一利益相关者的研究；另一方面还取决于某些权变因素或情境条件的影响，如宏观层面的制度、利益相关者、企业环境、行业以及文化等因素，企业层面的企业绩效、冗余资源、债务水平、企业的可见性、产品质量等因素，以及个体层面的管理者个人价值观、资产敏感性以及企业员工的自由裁量权等因素都会影响企业社会责任的价值创造效应。

第三章　企业社会责任理论分析与研究框架

  企业社会责任相关研究的演进历程反映了多学科、多理论相互交织的研究特征，如 Bowen 和 Friedman 基于经济学角度分别提出了关于企业社会责任的支持和反对观点；Berle、Dodd 和 Manne 等学者从法学角度对企业管理者作为受托人应履行的责任以及现代企业的功能展开了激烈争论；Carroll 和 Wood 等学者基于企业与社会的关系视角对企业社会责任进行了研究；Freeman 从战略管理角度将利益相关者理论引入企业社会责任研究中；Enderle 等人从哲学视角探讨了企业伦理的相关问题；Jones 基于伦理学和经济学视角，提出了工具性利益相关者理论模式；Donaldson 等人将哲学和管理学相关理论进行整合，提出了综合性社会契约理论；Swanson 整合了伦理学和管理学相关理论，提出价值协调框架，解决了规范性和描述性研究相分离的局限性（肖红军、李伟阳，2013）。纵观已有的研究文献，涉及企业社会责任与广告投入、研发投入、营销能力以及企业价值创造的关系的理论主要包括资源基础理论（Barney，1986）、利益相关者理论（Clarkson，1995）、制度理论（Handelman & Arnold，1999）以及风险管理理论（Godfrey，2005）等。尽管以上理论为企业社会责任相关的变量关系和理论发展提供了解释依据，但考虑到本书主要从营销战略角度解释企业社会责任与企业价值创造的关系，因此本研究主要以利益相关者理论、资源基础理论、代理理论和信号理论作为解释依据。

第一节　利益相关者理论

一、理论发展及其阐释

企业社会责任和战略整合的理想机制是一个多重利益相关者视角，有助于企业应对当今社会的主导趋势——全球化、快速变革的通信技术及其日益增强的超越利益最大化的社会目标。利益相关者理论因其描述的准确性、实用性和规范性而被管理类文献所采用（Donaldson & Preston, 1995），现已成为理解和描述企业与社会的关系的各种结构和维度的关键（Wood & Jones, 1995）。该理论有助于确定企业应该负责的群体或个体，并为利益相关者对企业决策影响力的合法化奠定了基础。利益相关者不能仅仅被当作实现企业目标的手段，他们自身的权利也具有价值，也要达到获取自身权利的目的（Freeman & Evan, 1991）。因此，即使利益相关者理论仍不够完善，但采用该理论仍是"企业社会责任操作化的必经过程"（Matten, et al., 2003），利益相关者的概念是企业社会责任的核心。

利益相关者理论一直是管理学界的一个主导概念和管理理论的

主体。利益相关者概念的雏形最早可追溯至 Barnard（1938），然而，直至 Freeman（1984）将利益相关者概念整合成一个连贯的战略管理概念，"利益相关者主义"才引起学术界的极大关注（Rowley，1997）。Freeman（1984）最先提出了与企业社会责任相关的利益相关者概念，他将企业管理的关注点调整到能影响企业经营战略和目标的多个利益相关者，而非仅限于股东。利益相关者可定义为"影响组织目标实现或者受其影响的团体或个人"（Freeman，1984）、"与企业利害相关或者对企业有要求权的团体"（Derry & Green，1989）。此外，利益相关者概念可以进一步延伸至那些对企业参与者持"批判目光"的全部实体（Bomann-Larsen & Wiggen，2004）。因此，利益相关者是连接组织目标、理想与社会期望的纽带（Whetten，et al.，2002）。

随着 Freeman 将利益相关者这一概念引入对企业社会责任的研究中，管理学和社会学其他相关研究人员也越来越多地尝试将利益相关者与企业社会责任结合起来，用以剖析企业的组织行为。有关利益相关者概念的争论大多集中在如何定义和优先考虑利益相关者（Mitchell，et al.，1997），就此产生了两种截然不同的观点：广义的利益相关者包括所有与企业决策或行动"能够互相影响"的群体（Freeman，1984）；狭义的利益相关者则是指与企业互动、与企业利害有关或拥有既得利益的个体或团体，如员工、消费者、供应商以及企业运营所在地的社区等。在狭义层面上，利益相关者或许不能充分涵盖企业与社会关系的全部内涵，但在实际运用上比广义层面更能指导企业实践。广义的利益相关者或许囊括了过多的组织或个体，包括竞争者、媒体、自然环境等（Schwartz，2006），却减弱了利益相关者概念的含义和相关性："如果每一个体或组织均是企业的利益相关者，那么利益相关者概念本身的意义从何谈起？"（Phillips，1997）。因此，利益相关者理论的推崇者们似乎陷入了窘境，利益相关者的概念意味着为了保持理论的关联性，非利益相关者（或非法定利益相关者）必须存在（Phillips，2003）。另外，在广义层面上，由于利益相关者可能涉及过多组织，因而产生了管理实践方面的其他困难，"管理人员感到手足无措"（Schwartz & Carroll，2007）。

受到 Freeman 的影响，Clarkson（1995）进一步发展并推进了利益相关者这一概念的研究成果，提出了一个解释企业社会责任的有效框架。Clarkson 将利益相关者划分为主要的利益相关者群体和次要的利益相关者群体，其中，主要的利益相关者群体由股东和投资者、员工、消费者、供应商、政府及当地社区构成，且他将企业与主要利益相关者看成存在于共同系统之中，因此，这些利益相关者与企业相互依存，而且利益相关者对企业事务的参与和对企业本身的满意度是企业的立足之本。从这个角度来看，企业本身可以被定义为一个包含各类主要利益相关者群体的系统，也是一个由具有不同权利、目标、期望和责任的利益相关者群体构成的复杂系统。企业的生存与持续发展依赖于管理者为各利益相关者群体创造足够财富、价值和满意度的能力，而如果管理者无法维持主要利益相关者群体的参与必将导致企业的失败。Clarkson 还认为，不能从股东这一个侧面来衡量企业的成败，而需要统筹考虑到其他主要利益相关者。

Wood 和 Jones（1995）的观点与 Clarkson（1995）的研究结论相

一致，他们也支持将利益相关者理论作为解释企业社会责任的理论框架。Wood 和 Jones 回顾了企业社会责任与企业绩效关系的实证研究，发现以往对这两者关系的研究呈现了不一致的结论，并将这种结论不一致归结为企业社会责任框架与相关变量及假设不匹配，或者说，以往的方法论框架并不是基于利益相关者构建起来的，从而缺乏一种有效的解释框架。利益相关者理论更多关注与利益相关者有关的管理决策，因此，利益相关者理论为商业企业和管理者提供了一个有力的组织工具。

Donaldson 和 Preston（1995）认为利益相关者理论明确或含糊地包括了三种类型的理论，即描述性（经验性）理论、工具性理论和规范性理论。其中，描述性理论倾向于描述或解释企业或管理者的实际行为方式；工具性理论倾向于描述企业或管理者以特定方式行事而可能产生的结果；而规范性理论则关注企业和管理层的道德行为适当与否。简而言之，描述性理论、工具性理论和规范性理论分别提出了以下问题：发生了什么？如果……将会发生什么？什么应该发生？Jamali（2008）的研究也支持这三种类型的理论，即描述性（经验性）理论、工具性理论和规范性理论可以作为企业就其社会责任行为向关键利益相关者解释的理论框架。

二、利益相关者与企业社会责任

由上文对利益相关者理论发展模式的探讨可知，利益相关者理论的工具性视角倾向于描述企业或管理者以特定方式行事而可能产生的结果，将利益相关者导向的相关行为（路径）与企业绩效表现（目的）联系起来（Donaldson & Preston，1995；Freeman，1999），为强化企业绩效表现，工具性视角强调，利益相关者导向的相关行为必须创造利益相关者所重视的利益（Bhattacharya，et al.，2009）。基于利益相关者理论的工具性视角深入考察企业社会责任效应得到了相关研究结论的支持，例如，Aguinis 和 Glavas（2012）的元分析表明，企业积极履行社会责任旨在提升其市场绩效。

Rowley 和 Berman（2000）提出了一个新视角，通过缩小企业与利益相关者的关系范围，将利益相关者理论作为理解和解释企业社会责任和企业绩效的关系的理论依据。Ruf 等人（2001）进一步指出，利益相关者理论弥补了企业社会责任与企业绩效之间缺乏理论解释的缺陷。Post 等人（2002）将利益相关者理论作为管理组织的战略考虑，根据这一观点，企业管理者要从战略上实现价值最大化，必须尽量了解一系列完整的利益相关者的关系。Post 等人将企业长期价值或企业可持续发展的实现与管理社会及政治领域的关键利益相关者联系起来，使之成为企业发展过程中对社会价值和目标的承诺（Sachs，2002）。Russo 和 Perrini（2010）分别基于利益相关者理论与社会资本理论，比较了这两种理论对大型企业和中型企业战略性企业社会责任的解释效应，发现利益相关者理论更适合对大型企业的解释，这主要缘于大型企业其更加正式以及多元化的性质。

相对于传统的股东至上主义，利益相关者理论认为企业的生存和发展离不开各个利益相关者的投入，企业应该尽量促成各个利益相关者之间的协调和平衡，以追求利益相关者的整体利益。工具性利益相关者理论进一步体现了企业社会责任行为能够增进利益相关者对企业的信任度、改善企业与关键利益相关者的关系，从而提升企业绩效（Jones，1995）。例如，从消费者关系角度来看，企业积极承担社会责任有利于吸引社会敏感度高的消费者，有助于实现产品和服务差异化，从而提高消费者的购买和支付意愿（Sen & Bhattacharya，2001）；从投资者关系角度来看，企业积极参与社会责任活动有利于吸引更多社会敏感度高的投资者的注意，从而获取更多的资本资源（Graves & Waddock，1994）；从雇佣关系角度来看，对于具有良好社会责任形象的企业来说，其内部员工会对企业表现出更高的忠诚度和责任感，这有助于企业吸引、保留和激励优秀员工，从而提高企业的生产效率和利润率（Turban & Greening，1997）；从政府关系角度来看，积极的企业社会责任行为能够减少政府对企业的负面管制，而且企业往往能够获得税收减免或者使用公共设施等许可。

利益相关者理论的一个重要贡献是将主要利益相关者和次要利益相关者进行了区分（Freeman，1984），主要利益相关者指那些参与企业的市场交换，并且一旦缺少其持续参与，企业的生存和发展将难以为继的组织或个体（Clarkson，1995）。本书将研究对象聚焦两类重要利益相关者——消费者和投资者。将消费者锁定为研究对象，这是因为他们的购买决策和行为直接影响企业的市场份额和财务绩效；将投资者作为另一类研究对象，主要是缘于其投资决策与企业未来的市场价值息息相关。

第二节　资源基础理论

一、理论概述及其阐释

资源基础理论对利益相关者理论做出了进一步的拓展和深化。资源基础理论将企业内部资源和能力作为基本分析单位，认为企业本质上是异质性资源的集合体。资源基础理论聚焦分析企业所拥有的各类异质性资源和能力，通过分析与运用企业独特的资源和能力，构建和提升企业的（可持续）竞争优势，并进一步提高企业绩效。企业资源基础理论以 Wernerfelt（1984）在 *Strategic Management Journal* 上发表的 *A Resource-Based View of the Firm* 为开端，经过 Peteraf（1993）、Barney（1986、1991、2002）、Rumelt（1982、1984、1991）、Collies（1995）以及 Grant（1996）等人的研究，资源基础理论得以不断成熟和演进，并逐渐发展成为一个比较系统和完善的理论体系（刘力钢等，2011）。资源基础理论将每个组织看成是独特资源和能力的集合体，而这些资源和能力为组织战略提供基础，也是企业竞争优势的主要来源（Barney，1991），即如果企业要获取某种竞争优势（相较于竞争对手优越的财务绩效），那么企业必须拥有将企业独特资源和其他生产线要素优化配置的能力。资源基础理论关于企业资源如何创造可持续竞争优势的逻辑是建立在两个前提基础之上：一是企业所拥有的资源具有异质性（Peteraf & Barney，

2003）。Dierickx 和 Cool（1989）认为企业资源难以模仿和替代的特征是由企业进入战略要素市场的准入门槛的差异所造成的，是成就异质性资源的关键，资源异质性的假设意味着由于某些企业拥有独特性资源，它们在经营过程中会比竞争对手更加出色（Peteraf & Barney，2003）。二是企业内部资源具有不完全流动性，这有利于企业异质性资源源源不断地发挥其效用。根据资源基础理论，如果某一个企业拥有其他企业很少具备的有价值资源，并且这些资源难以被模仿和复制，那么这个企业便拥有可持续竞争的优势（Barney & Hesterly，2012）。

根据 Grant（1991）的划分，资源可以划分为有形资源、无形资源和人力资源。有形资源主要是指物质层面的资源，包括基础设施、设备、原材料和财务储备；无形资源主要包括企业文化、声誉和技术；人力资源主要涉及如培训、承诺、忠诚和知识之类的概念。资源基础理论是本书分析企业社会责任的重要理论依据，该理论认识到技术、企业文化以及声誉之类无形资源的重要性（Russo & Fouts，1997），而这类无形资源本身就难以被模仿和替代（Branco & Rodrigues，2006）。

Barney（1991）在 *Journal of Management* 上发表了 *Firm Resources and Sustained Competitive Advantage* 一文，首次对以往的分散资源观进行了系统整合，并发展出一个系统全面的理论分析框架。Barney 提出，能为企业创造竞争优势的资源一般具备有价值性、稀缺性、不可完全模仿性和组织性四大特征。Barney 和 Hesterly（2012）在对以往研究逐步完善的基础上，提出企业可持续竞争优势源于异质性资源的获取，这类资源的特性可归结为有价值性、稀缺性、不可完全模仿性和组织性。Barney（2012）认为资源的有价值性是指企业的异质性资源能使企业破解竞争环境中的威胁或把握竞争环境中的机会。资源的有价值性还体现在企业在价值创造方面所拥有的资源和能力差异。异质性资源的稀缺性表明，只有当资源掌控在少数竞争企业手中时，才能真正构成企业竞争优势的来源，因此稀缺性构成了异质性资源的又一特性。异质性资源的第三个特性是不可完全模仿性，分为难以模仿性和难以替代性两个方面，如果企业的异质性资源和能力是竞争对手能以较低的成本和代价成功模仿的，或运用其他资源进行战略性功能替代的，那么该企业的可持续竞争优势就荡然无存。根据 Barney 和 Clark（2007）的观点，异质性资源的不可完全模仿性源于历史背景的特殊性、因果的模糊性以及社会的复杂性。企业创建和保持竞争优势的源泉取决于其资源的有价值性、稀缺性、不可完全模仿性，然而要完全发挥企业资源和能力的竞争潜力，就必须对资源进行有效整合，这便构成企业异质性资源的最后一个特性——组织性。Barney（2012）将资源基础理论的分析框架划分为两个层次：资源的有价值性、不可完全模仿性和稀缺性属于基础层级；而组织性隶属于更高层级，是一种可以对有价值性、稀缺性和不可完全模仿性进行有效整合的组织协调能力，是企业无形资源和能力的外在体现。因此，组织性根植于企业的惯例、企业文化、生产流程等更为抽象的资源之中。

二、资源基础理论与企业社会责任

根据资源基础理论，异质性资源使得企业有能力对产品和服务进行设计、生产、营销以及分销。资源基础理论为解释异质性资源如何提升企业绩效提供了理论基础（Helfat，2000）。从某种程度上看，企业社会责任也是一种异质性资源，具备有价值性、稀缺性、不可完全模仿性和组织性，或者说，企业社会责任行为能够使企业获得具备上述特征的有形资源和无形资源，尤其是包括声誉和品牌资产在内的无形资源，而这种声誉和品牌资产将进一步改善企业绩效并获取竞争优势。

对企业社会责任的投资有助于企业开发能力、资源和技能，这体现在企业文化、技术、组织结构以及人力资源等方面（Barney，1991；Wernerfelt，1984）。而这些通过企业社会责任行为获取的能力、资源、技能又将促进更高效的资源利用（Majumdar & Marcus，2001）并促使盈利能力的提升。企业在履行社会责任的过程中也获取了某些有形和无形资源，这些资源进一步扩大了企业独特的竞争优势（Schnietz & Epstein，2005）。企业社会责任能够帮助处于竞争市场中的企业获取竞争资源，改善企业在竞争市场中的战略地位。Hart（1995）构建了企业可持续竞争优势模型，该模型揭示了企业环保战略能够为企业带来特殊资源和能力，由此发挥可持续竞争优势并提高企业的环境绩效。在此基础上，Russo 和 Fouts（1997）从有形资源、无形资源和人力资源三个角度，进一步系统剖析了环保战略强化企业竞争优势的内在逻辑。Russo 和 Fouts 认为实施环保战略的企业对产品和服务的生产流程进行了再设计以及开发和运用了新技术，逐渐形成组织成员共享开发、运用创新解决问题的惯例，并逐步积累企业员工的显性和隐性知识，而这些有形资源和无形资源不易被竞争对手模仿、具有因果模糊性和社会复杂性特征，因而可成为企业持续竞争优势的源泉。Russo 和 Fouts 指出占据环保领先地位的企业往往能够赢得企业声誉和政治影响力这两项重要的无形资源，例如，高环境绩效的企业往往会利用其在行业内的优势地位影响政府公共政策的制定、定义，甚至提高环保标准、构建行业壁垒，以维护自身的竞争优势。Surroca 等人（2010）指出企业社会责任主要是帮助企业获取无形资源来提升企业绩效，而由此获取的有形资源相对较少。Surroca 等人认为企业通过履行社会责任将自身与主要利益相关者紧密联系起来，从而有利于开发企业的无形资源——创新资源、声誉和企业文化，进而以最有效和最具竞争力的方式来运用企业资产，获得竞争优势。

三、营销战略杠杆与资源基础理论

Luo 和 Bhattacharya（2009）提出了营销战略杠杆（Strategic Marketing Levers）的概念，并从企业社会责任与营销战略杠杆的关系出发，解释了广告投入和研发投入这两类营销战略杠杆对企业社会责任与企业非系统风险之间关系的影响。本书沿用 Luo 和 Bhattacharya 的营销战略杠杆概念，从广告投入、研发投入和营销能力三个角度考察营销战略与企业社会责任、企业价值创造之间的关系。

Douglas 等人（2009）根据资源基础理论，认为企业可以将营销资源转化为两种营销能力（可称为广义层面的营销能力）：特定性营销能力（Specialized Marketing Capabilities）和整合性营销能力（Architectural Marketing Capabilities）（Vorhies，et al.，2009）。其中，特定性营销能力主要是指通过对企业营销人员所拥有的特定知识的整合而构建起的某种功能导向型能力，这体现在特定任务的营销活动中，如营销沟通或广告、个人销售、定价、产品研发以及产品分销等（Grant，1996）。

整合性营销能力主要是指对特定性营销能力进行整合和协调，聚焦资源配置以达到企业战略目标的能力（Teece，et al.，1997）。整合性营销能力是企业将集体的知识、技能和资源运用于满足相关市场需求，并通过增加企业产品和服务的价值来满足竞争需要的整合过程。相对而言，企业营销能力并不限于对营销资源的拥有，还包括对企业资源进行高效的整合和转换以达到理想的营销结果。而这种营销能力不仅取决于企业以往的投资，还需要源源不断的投资和维护以形成某种路径依赖（Bharadwaj，et al.，1993）。整合性营销能力通过搜集市场环境信息、制订营销计划来实现差异化战略（Kohli & Jaworski，1990；Morgan，et al.，2003），并通过计划和整合机制以保证特定性营销能力的效应发挥（Noble & Mokwa，1999）。

Morgan 等人将营销能力划分为两类：一类是涉及单一层面的营销组合流程的能力，如产品开发和管理、产品定价、销售、营销沟通以及渠道管理等（Vorhies & Morgan，2005）；另一类则涉及营销战略开发和执行的过程（Morgan，et al.，2003）。

在 Douglas 等人（2009）研究的基础上，本书进一步分析特定性营销能力（广告投入和研发投入）和整合性营销能力（营销能力）如何影响企业社会责任的市场竞争效应和市场价值效应。

第三节　代理理论

代理理论指出，人是理性经济人，倾向于追求自我利益的最大化。管理者与所有者之间存在利益冲突，主要表现在：管理者可能以牺牲所有者利益为代价，比如管理者会利用所掌握的内部信息优势损害所有者的利益，从而谋取私利；而所有者为了减少利益损失，必然会制定和采取相应的激励和约束机制。代理理论的观点表明，由于企业战略和经营行为（如企业社会责任）与投资者之间存在信息不对称的情况，企业股东或投资者实际上很难对企业社会责任的价值效应进行评估，企业社会责任行为很容易受管理者误用和滥用（Barnett，2007），比如张建君（2013）指出，企业社会责任具有明显的政企纽带效应，被管理者用作在科层制的阶梯上攀爬的资源和助力，而并未将企业社会责任的目标指向企业绩效的提升。另外，Friedman（1970）以新古典经济学为解释依据，指出承担企业社会责任与创造企业利润在某种程度上一致，但与实现企业利润最大化以及为股东创造价值存在冲突，而且企业承担社会责任是对企业战略资源的"误用"，不仅耗费企业资源，而且可能与其他重要的经营战略争夺有限的企业资源。这类观点进一步强调，企业承担社会责任"会彻底冲击自由社会的根基"。

第四节　信号理论

信息经济学的信号理论（Spence，1973）指出，一方的竞争优势（如强项或能力）是其私人信息，如果没有设计良好的信号（如教育水平、证书等）作为传递载体，别人则可能不会知道或相信。企业面临的是一个充满不对称信息和不确定性的环境，如果不选择一些"信号"来使消费者偏爱或信任企业的某些竞争优势，消费者就会处于信息劣势地位，有可能做出不利于该企业的选择。而投资企业社会责任是一种利益相关者更易接受的信息传递方式，通过这种差异化"信号策略"，企业可以有效地展示更多有利信息，树立一种勇于承担企业社会责任的企业形象（石军伟等，2009）。如果企业的社会责任行为没有受到消费者的关注，那会怎样呢？举例来说，如果消费者对联合利华实施的"可持续生活计划"和通用电气恪守的"生态想象计划"一无所知，那么企业凭什么期望产品销量会增加呢？以往研究表明，消费者在做出购买决定时通常会考虑企业社会责任的相关行为（Pomering & Dolnicar，2009；Sen & Bhattacharya，

2001），具体表现为更愿意购买具有社会责任感的企业的商品，而前提是消费者已经意识到该企业社会责任行为的存在，因此，消费者对企业及其相关行为的知晓程度是消费者对企业社会责任行为作出响应的先决条件。

第五节 理论框架

工具性利益相关者理论将以利益相关者为导向的相关行为（路径）与企业绩效表现（目的）联系起来（Donaldson & Preston，1995；Freeman，1999）。尽管利益相关者涉及消费者、员工、投资者、供应商以及政府、社区、媒体等，但本书仅将研究对象聚焦两类重要利益相关者——消费者和投资者，以研究他们对企业社会责任的响应。消费者是重要的利益相关者，这是因为他们的购买意愿和行为直接影响企业的市场份额和财务绩效；投资者作为另一类重要利益相关者，其投资决策与企业未来的市场价值息息相关。因此，本书将基于消费者（代表产品市场）和投资者（代表资本市场）双重角度来剖析企业社会责任的市场竞争效应和市场价值效应。

管理学相关研究也表明，企业社会责任战略效应的发挥，还取决于企业层面特有的资源和战略行动的配合运用，如广告投入、研发投入和营销能力等（McWilliams & Siegel，2001；Morck, et al.，1988；Servaes & Tamayo，2013）。从产品市场角度来看，尽管现有理论和研究已经揭示营销战略可以通过影响消费者对企业的态度和购买意愿来提高企业绩效，例如，广告投入一般代表着企业价值获取和实现的战略行动，通过积累品牌资产和顾客资源来提高未来的销售量和利润（Joshi & Hanssens，2009），然而，从资本市场角度来看，这种营销战略能否影响投资者对企业未来前景的态度以及投资意愿，还亟待进一步检验。那么对于企业管理者而言，能否将企业内部特有的资源、能力和战略行动（广告投入、研发投入和营销能力）与企业外部行动（以企业社会责任为代表的社会行为）结合起来，发挥出企业社会责任的价值创造效应？对此，本书将进一步检验广告投入、研发投入以及营销能力这三类营销战略能否强化企业社会责任的市场竞争效应和市场价值效应。本书的研究框架如图 3 - 1 所示：

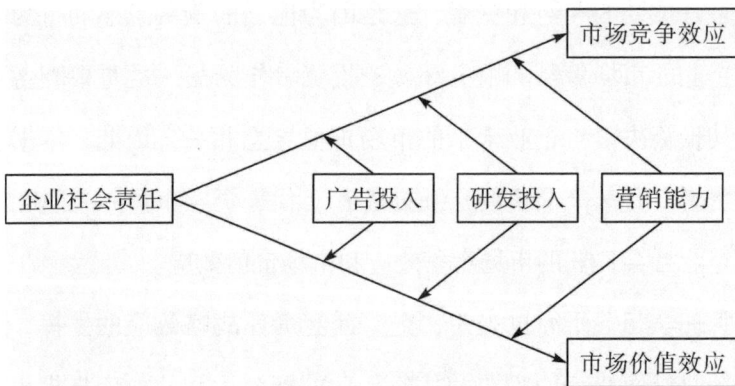

图 3 - 1　企业社会责任的市场竞争效应与市场价值效应的关系

本书的主要研究步骤如下：

首先，以利益相关者理论、代理理论以及资源基础理论这三种解释企业社会责任的主要理论观点为基础，基于产品市场和资本市场双重角度，从理论上分析企业社会责任行为能够提升市场竞争效应和市场价值效应的原因，并且解释这两种效应可能存在的互补关系或替代关系，进而在理论分析的基础上提出相应的假设并进行实证检验。

其次，以资源基础理论和信号理论为依据进一步从理论上分析营销战略如何影响企业社会责任的市场竞争效应和市场价值效应。然后在理论分析的基础上提出相应的假设并进行实证检验。营销领域研究主要从广告投入和研发投入（Luo & Bhattacharya，2009）以及营销能力（Mishra & Modi，2016）这三个角度衡量营销战略对企业绩效的影响。结合广告投入、研发投入以及营销能力这三方面考察营销战略如何影响企业社会责任的市场竞争效应和市场价值效应。一方面，基于信息经济学的信号理论，从理论上分析广告的信息传导机制如何影响消费者和投资者对企业社会责任的响应；另一方面，基于资源基础理论，从理论上解释为什么研发投入和营销能力能够提升企业社会责任的市场竞争效应和市场价值效应。

本章小结

本章主要介绍了本书的理论基础和理论依据。首先，对利益相关者理论进行了梳理和回顾，其核心观点是，企业的生存和发展都离不开各个利益相关者的参与，企业应该尽可能实现各个利益相关者利益的协调和平衡，以达到利益相关者整体利益的最大化。工具性利益相关者理论进一步说明，企业社会责任行为能够增进利益相关者对企业的信任度、改善企业与关键利益相关者的关系，从而提升企业绩效。

其次，本章进一步介绍了资源基础理论，其核心观点是将每个组织看成独特资源和能力的集合体，而这些资源和能力为组织战略提供基础，从而成为企业竞争优势的主要来源。资源基础理论进一步提出企业持续竞争的优势源于异质性资源的获取，这类资源的特性可概括为有价值性、稀缺性、不可完全模仿性和组织性。从某种程度上看，企业社会责任也是一种异质性资源，具有有价值性、稀缺性、不可完全模仿性和组织性等特性，或者说，企业社会责任行为能够使企业获得具备上述特性的有形资源和无形资源，尤其是包括声誉和品牌资产在内的无形资源，而这种声誉和品牌资产将进一步改善企业绩效并获取竞争优势。

最后，本章还归纳和梳理了代理理论和信号理论。本章还基于消费者（代表产品市场）和投资者（代表资本市场）的双重角度构建了企业社会责任、营销战略与企业价值创造之间关系的研究框架。

第四章　企业社会责任的市场竞争效应

在研究假设提出之前，我们需要阐述哪些利益相关者群体（如消费者和投资者）会受到企业社会责任的影响，进而影响企业的市场竞争效应和市场价值效应。以往相关研究聚焦投资者对企业社会责任的响应，而有些则强调从消费者视角来考察企业社会责任的影响效应。根据利益相关者理论，企业的主要利益相关者，如消费者、投资者、员工、供应商以及监管部门等都可能受到企业社会责任行为以及广告投入、研发投入和营销能力等的影响，尤其是消费者和投资者的响应，直接关系企业在产品市场和资本市场上的成功与否。因此，本研究整合营销学以及组织行为和战略相关研究，基于消费者（代表产品市场）和投资者（代表资本市场）的双重角度分别考察企业社会责任的市场竞争效应和市场价值效应。

另外，根据 McWilliams 和 Siegel（2001）的观点，广告投入和研发投入为企业社会责任与企业价值创造的关系研究提供了一个企业组织层面的分析框架，例如，广告投入一般代表着企业价值获取和实现的战略行动，通过积累品牌资产和顾客资产来提高未来的销售、利润和股东财富（Joshi & Hanssens，2009），而研发投入一般代表着企业价值创造的战略行动，使企业通过构建竞争壁垒并增强竞争优势的持续性来提高企业利润、股票回报和企业价值（Mizik & Jacob-son，2003）。学术界认为，价值创造（通过对新产品和流程开发的研发投入）和价值获取（通过构建品牌和产品销售的广告投入）是两种影响企业成长、风险、绩效以及价值的主要基本战略（Krasnikov & Jayachandran，2008；McAlister，et al. ，2007）。除此之外，企业还应具备将企业研发投入和创新能力转化为商业化产品的营销能力。因此，我们认为，研发投入、广告投入以及营销能力都可能影响企业社会责任的价值创造效应。本章在探讨完企业社会责任与产品市场竞争的主效应后，将继续讨论广告投入、研发投入以及营销能力这三类营销战略对企业社会责任的市场竞争效应的影响。

第一节　研究假设

一、企业社会责任与市场竞争效应

利益相关者理论和资源基础理论是企业社会责任影响企业价值创造的两种主要理论观点。我们根据这两种理论观点来分析企业社会责任是否影响市场竞争效应。

利益相关者理论认为企业的生存和发展都离不开各个利益相关者（如消费者、投资者、企业内部员工、股东、社区居民、渠道伙伴以及政策制定者等）的投入，企业应该尽量实现各个利益相关者的协调和平衡，以追求利益相关者的整体利益（Freeman，1984）。

利益相关者理论逻辑下的企业社会责任理念，要求企业在创造自身经济效应的同时，也要为股东和其他利益相关者创造社会价值。企业社会责任行为能够增进利益相关者对企业的信任度，改善企业与关键利益相关者的相互关系，从而提升企业的价值创造效应。从顾客市场角度来看，企业积极承担社会责任有利于吸引社会敏感度高的顾客，有助于实现产品和服务差异化，从而提高顾客的购买和支付意愿（Sen & Bhattacharya，2001）；从资本市场角度来看，积极参与企业社会责任活动有利于吸引更多社会敏感度高的投资者的注意，从而获取更多的资本资源（Graves & Waddock，1994）；从劳动力市场角度来看，对于具有良好社会责任感形象的企业来说，其内部员工会对组织表现出更高的忠诚度和责任感，进而有助于企业吸引、保留和激励优秀员工，从而提高企业生产效率和利润率（Turban & Greening，1997）；从政府市场角度来看，企业社会责任可以降低政府监管、法律约束等负面影响的可能性（Hillman & Keim，2001），并且企业社会责任的履行能为企业带来融资便利、政府补助、投资机会等多方面的经济实惠（戴亦一等，2014）甚至政府采购合同（Flammer，2018）。另外，Homburg 等人（2013）的研究表明，供应商的企业社会责任行为可以增进消费者的信任和认同（Homburg, et al.，2013）。

资源基础理论将每个组织看成独特资源和能力的集合体，而这些资源和能力为组织战略提供基础，也是企业竞争优势的主要来源（Barney，1991），资源基础理论为解释异质性资源如何提升企业绩效提供了理论基础（Helfat，2000b）。遵循资源基础理论的解释逻辑，企业社会责任行为也可看作是一种异质性资源和能力。企业通过将社会责任融入企业战略目标，实现"企业与社会的整合"或"双赢"，实现价值链优化及改善竞争环境和能力，实现产品和服务与企业社会责任行为高度契合（陶文杰和金占明，2013）。这种战略性企业社会责任具备有价值性、稀缺性、不可完全模仿性和组织性。

利益相关者理论和资源基础理论均表明，企业社会责任可以为企业创造具有市场竞争效应的无形资产或品牌资产，以及获取和积累不可或缺的信誉资本或道德资本。通过将社会责任融入企业战略、资源、能力、流程、商业模式以及与利益相关者互动中，我们预期企业社会责任能显著提高企业的市场竞争效应，下面分别从企业外部和企业内部来分析这一假设。

从企业外部来看，企业社会责任可以影响消费者对于企业的认知关联和品牌认同，进而提升消费者对企业产品和品牌的满意度、忠诚度以及购买意愿，而消费者的购买意愿和行为直接影响企业市场份额的增长。从企业内部来看，企业社会责任可以给企业带来稀缺的有形或无形资源和能力，如研发和创新能力、高效的人力资本、高效的组织运作过程以及具有社会责任感的企业文化等，从而为企业创造具有市场竞争效应的无形资产或品牌资产以及获取和积累企业竞争中不可或缺的信誉资本或道德资本。

具体来说，从产品市场的角度来看，营销学相关研究表明企业社会责任是企业无形的营销资产，企业社会责任相关活动会影响消费者对于企业的认知关联（Brown & Dacin，1997），且影响消费者对产品、品牌以及企业的认同（Sen & Bhattacharya，2001），而积极的认知关联和企业认同，将进一步影响消费者对企业产品或品牌的评价效果（Berens, et al., 2005），从而提高消费者的购买频率、满意度和忠诚度，营造积极口碑，最终促进市场份额的增长。同时，消费者的认知关联以及对企业和品牌的认同构成了企业整体品牌资产的重要组成部分，并成为企业不可或缺的信誉资本或道德资本，其中，品牌资产反映在消费者对于品牌的联想、感受以及行动方式上，同样它也反映出品牌所带来的价格、市场份额以及盈利能力的变化（Keller, 1993）。而信誉资本或道德资本使消费者难以受到企业产品或品牌负面信息的影响（Godfrey, et al., 2009），这也使得企业的市场份额免于受到其他企业的争夺。消极的企业社会责任则会导致消费者的抵制以及其他负面响应，从而降低企业的声誉和品牌资产（Klein & Dawar, 2004），如万科在汶川地震发生当天宣布仅捐款200万元，随即引来网民一边倒的批评，致使万科品牌形象遭受严重危机。

企业之所以会获得较为优良的投资机会，正是由于企业社会责任可以为企业创造具有竞争效应的无形资产或品牌资产以及获取和积累不可或缺的信誉资本或道德资本。越是积极履行企业社会责任的企业，越能获得消费者和外界社会的认可和支持，也因此获得比行业竞争对手更好的投资机会，如在生产和销售方面进行投资，或者购买优质资产乃至并购竞争对手等（陆正飞和韩非池，2013），从而提高企业在行业中的相对产品市场增长率，迅速扩大行业中的相对市场份额和市场占有率。

基于以上分析，我们认为，企业社会责任相关活动可以通过影响消费者的认知关联和品牌认同，进一步改善消费者对产品的评价效果或提升消费者满意度、忠诚度，从而提高产品销售额和产品购买率。同时，企业社会责任也可以帮助企业获得品牌资产并且积累信誉资本或道德资本，用以获取投资机会、扩大市场份额，最终提高企业的市场竞争效应。因此我们提出假设1：

假设1：在其他条件相同的情况下，企业社会责任能显著促进企业的未来产品市场增长（市场竞争效应）。

二、广告投入的调节效应

营销战略相关的多数研究往往将广告投入作为营销战略的代理变量（Kim & McAlister，2011；Vitorino，2013），而营销学研究者一直呼吁从营销组合角度（包括产品、广告、价格促销和渠道）来全面衡量营销战略（Ataman，et al.，2010）。而研发投入作为一种"技术"驱动与投资模式，能推进知识的积累以及产品、流程的创新，故新产品开发和新流程的引入与研发投入息息相关（Hitt，et al.，1996）。另外，企业还应具备将研发投入和创新能力转化为商业化产品的营销能力。研发投入和营销能力这两个变量的引入，能有效弥补以往研究将营销战略的测量局限于广告投入的不足，因此，广告投入、研发投入以及营销能力为企业社会责任与企业价值创造之间的关系构建起一个企业组织层面的分析框架。本章在探讨完主效应之后，将继续从营销战略角度依次分析广告投入、研发投入以及营销能力如何影响企业社会责任的市场竞争效应和市场价值效应。

在上述理论分析的基础上，我们认为，企业社会责任与产品市场竞争效应的关系还依赖于企业其他情境因素或条件的变化，如广告投入（McWilliams & Siegel，2001）。相关研究表明，企业的可见性或知名度与利益相关者的积极响应息息相关，即企业的可见性或知名度会影响消费者、投资者和媒介的积极评价（Pollock，et al.，2008），提高消费者支付溢价的意愿（Rindova，et al.，2005），并且促进对潜在联盟伙伴的吸引力（Pollock & Gulati，2007）。企业社会责任行为可见性的本质内涵是需要吸引利益相关者的注意，进而获取他们对企业的良好印象（Sirsly & Lamertz，2007）。而广告和媒体曝光率成为提高消费者对企业关注度的重要渠道，包括对企业的整体认识以及促使消费者对企业、产品以及包括企业社会责任在内的其他活动的了解。我们认为，由于广告的信息传导效应和价值溢出效应，广告投入可以更好地发挥企业社会责任的市场竞争效应。

（一）广告的信息传导效应

信号理论表明，企业面临的是一个充满不对称信息和不确定性的环境（Spence，1973）。如果企业不选择一些"信号"使消费者确信企业的某些竞争优势，消费者就可能做出不利于企业的决策（石军伟等，2009）。Heath 和 Tversky 的研究表明，相比于更加模糊不清的领域，人们更喜欢在自己熟知的领域进行投资并承担风险（Heath & Tversky，1991）。投资者一般偏向于持有具有较高知名度和社会责任感的公司股票（Frieder & Subrahmanyam，2005；Grullon，et al.，2004）。作为一种信息传导机制，企业广告可向消费者、投资者以及其他利益相关者传递企业产品价值、品牌优势以及社会责任相关信息，从而强化各利益相关者的关注度、响应性和认同感（Servaes & Tamayo，2013），也能减缓投资者对企业经营和股票的信息不对称以及投资者的风险感知（El Ghoul, et al., 2011）。

信息是理性决策模型的一个基本输入变量。然而，有关企业社会责任与产品市场竞争效应之间关系的实证研究和理论，都没有考虑有关企业社会责任的信息是否以及在多大程度上传递给了消费者。缺乏对信息的关注度也就削弱了对企业社会责任与产品市场竞争效应之间关系的系统分析。如果企业的社会责任行为没有受到消费者的关注，那会怎样呢？以往研究表明，消费者在做出购买决定时通常会考虑企业社会责任的相关行为（Pomering & Dolnicar，2009；Sen & Bhattacharya，2001），表现为更愿意购买具有社会责任感的企业的商品，而前提是消费者已经意识到其企业社会责任行为的存在，因此，消费者对企业及其社会责任行为的知晓程度是消费者对企业社会责任行为响应的先决条件。

然而，通常情况下消费者并未意识到企业的社会责任行为（Pomering & Dolnicar，2009），这意味着消费者对企业社会责任行为的这种无意识成为限制消费者对这些行为响应的重要原因（Schuler & Cording，2006）。从广告的信息传导效应来看，企业社会责任的市场竞争效应与企业广告投入的强度息息相关，当然这并不意味着企业需要宣传自己的企业社会责任行为，而广告投入的强度会增进利益相关者对企业的认识，也包括对企业社会责任行为的了解（Servaes & Tamayo，2013）。很明显，广告可以充当企业社会责任与消费者响应的信息传导机制，可以强化企业的信息环境和信息强度，从而提高现有的和潜在的消费者对企业的认识，以及促使消费者进一步了解企业、产品和其他活动，这其中也包括企业社会责任行为（Servaes & Tamayo，2013）。虽然大多数广告很可能不直接涉及企业的社会责任行为（Schuler & Cording，2006），但是通过提升广告投入强度和公众意识，消费者仍然可以通过了解企业、产品、服务及其相关活动来接触企业社会责任的方方面面。

（二）广告的价值溢出效应

营销学相关研究表明，广告投入能对市场知晓度、企业竞争力、消费者偏好以及品牌形象产生影响（Koslow，et al.，2006）。West等人（2008）提出，广告的创造力在于获得消费者的关注并且赋予品牌以价值（West，et al.，2008），从而提高企业的顾客资源和品牌价值，最终推动企业产品的销售和利润的获取（Osinga，et al.，2011）。因此，广告投入能直接或间接影响企业的产品销售和财务价值（Luo & De Jong，2012）。从广告的价值溢出效应来看，广告可以将企业产品与竞争对手区分开来，为企业创造某种无形的市场资产（品牌资产），使企业通过构建竞争壁垒并提高（可持续）竞争优势来获取企业价值和提升企业绩效，包括销售额、市场份额和盈利能力（Erickson & Jacobson，1992；Mizik & Jacobson，2003）以及股东价值（Joshi & Hanssens，2010）。企业通过履行社会责任所获取的品牌资产以及积累的信誉资本或道德资本，在广告信息的迅速传导下，能及时获得包括消费者在内的利益相关者的关注和认可；同时，在广告价值的溢出效应下，这种品牌资产、信誉资本或道德资本能强化产品的区分度和独特性，不易受到竞争产品的威胁和替代（Mela，et al.，1997），并且会降低消费者对企业产品价格的敏感度，甚至提高产品溢价（Ailawadi，et al.，2003）。因此，企业社会责任在广告效应的影响下能更好地促进企业获得差异化竞争优势，扩大产品在行业中的相对市场份额。

综合以上分析，我们认识到，企业通过广告投入可以减少消费者与企业产品、企业品牌以及企业社会责任行为之间的信息不对称，能更好地促进企业获得差异化竞争优势，故广告投入能强化企业社会责任的市场竞争效应。然而，由于企业社会责任在某种程度上充当了广告宣传的角色（山立威等，2008），且企业社会责任的履行在某种程度上是以牺牲广告投入为代价的（Luo & Bhattacharya，2009），因此，学术界对于企业社会责任和广告投入之间存在替代关系还是互补关系仍未达成共识，如 Fry 等人（1982）认为，企业社会责任是广告效应的一种有效补充，而 Wang 和 Qian（2011）则揭示了企业社会责任与广告投入之间呈现相互替代关系。因此，我们提出竞争性的假设2：

假设2a：对于有广告投入的企业，其企业社会责任与未来产品市场增长（产品市场竞争）正相关。

假设2b：对于有广告投入的企业，其企业社会责任与未来产品市场增长（产品市场竞争）负相关。

三、研发投入的调节效应

（一）资源基础理论与研发投入

资源基础理论强调无形资源的重要性，如技能、企业文化以及声誉等（Russo & Fouts，1997），因为这些特定的无形资源难以被模仿和替代（Branco & Rodrigues，2006）。如果企业试图创造具有竞争优势的产品和服务，那么其企业资源必须达到资源基础理论所提出的四个标准，即有价值性、稀缺性、不可完全模仿性以及组织性（Barney，1991）。基于这些标准，企业可以对某些社会复杂性资源，如声誉、企业文化、企业和供应商及消费者的长期关系以及知识资产等进行优化配置，发挥出这些无形资源对企业竞争优势的影响（Hillman & Keim，2001；Teece，1998）。

以往大量研究表明，研发与创新能力也是社会复杂性资源，具备有价值性、稀缺性、不可完全模仿性以及组织性等特性。新产品开发和新流程的引入及改进与研发投入息息相关（Hitt, et al.，1996），企业研发投入能提升企业的长期绩效（Currim, et al.，2012；McWilliams & Siegel，2000；Sridhar, et al.，2014），这一观点的依据是研发投入作为一种技术驱动与投资模式，能推进知识的积累以及产品和流程的创新。而源于研发投入的创新是企业价值创造的重要途径，大量研究已经证明了研发投入的价值效应，包括市场竞争效应、市场价值效应和更高的股票回报（Chan, et al.，2001；Mizik & Jacobson，2003）。

（二）企业社会责任与研发投入

企业在追求创新的同时还应展现良好的企业社会责任行为，因为企业社会责任和创新都是企业获得竞争优势的重要基础（McWilliams & Siegel, 2000; Porter & Kramer, 2006）。Bansal（2005）、Husted 和 Allen（2007）都强调了企业社会责任行为与创新战略之间的密切关系，他们认为，企业必须将企业社会责任原则运用于引导新产品开发、生产流程以及相关实践活动，而这些都涉及技术层面的变动以及研发相关的投入。至此，战略管理学相关研究指出，企业社会责任为企业创新提供了机遇和挑战，因为企业社会责任行为所包含的社会、环境以及可持续发展等方面的驱动力创造和提升了新工艺、新产品、新服务、新流程以及新市场空间，从而强化企业创新（Gallego-Álvarez, et al., 2011）。MacGregor 和 Fontrodona（2008）以西班牙、意大利和英国为研究对象，分析了企业社会责任与创新之间的关系，他们发现，企业社会责任驱动创新的目标在于以社会、环境以及可持续发展等为导向提升产品和服务的性能，而创新驱动企业社会责任的目标在于在不违反社会、环境以及可持续发展原则的基础上创造企业价值。

一方面，如果企业将研发投入与企业社会责任相关的产品和流程结合起来，如研发和生产某种环境友好型或资源节约型产品，这将对某些消费者形成强烈的吸引力。McWilliams 和 Siegel（2001）指出，企业通过履行企业社会责任并辅之以研发投入，可以实施某种差异化战略并获取竞争优势。McWilliams 和 Siegel（2000）还提出，企业社会责任与研发投入之间的关联性较强，因为两者都与产品和流程创新相关。如果某一企业积极倡导企业社会责任，但与此同时并未将研发投入纳入企业战略目标，那也可能造成外界对该企业产品和服务的质疑和偏见。企业需要推进产品和流程的创新以提高能源利用效率并减少资源耗损（Bansal，2002），同时减小企业产品和服务对环境的负面影响。因此，企业社会责任也可看成是研发投入和产品创新的驱动因素（Gallego-Álvarez，et al.，2011）。

另一方面，对于有研发投入的企业而言，它们拥有更强的能力去创新和开发新产品以满足不断变化着的消费者需求（Mizik & Ja-cobson，2003）。Brown 和 Dacin（1997）认为，强烈的企业社会责任和企业创新能力能影响利益相关者对企业的感知和认同。而对于研发投入较少、创新能力较弱的企业，其企业社会责任行为并不一定能帮助企业获得道德资本，因为当创新能力较弱的企业仍然积极参与社会责任活动时，就缺乏某种务实性和合理性，即利益相关者会怀疑该企业生产优质产品的能力，并且认为这是企业某种"不务正业""别有用心"的动机表现（Luo & Bhattacharya，2006；Suchman，1995）。在这种情况下，企业社会责任行为往往被利益相关者质疑为"漂绿"行为、广告手段或作秀工具（Hawn & Ioannou，2016；Kang，et al.，2016），从而带来诸如消极口碑之类的负面影响（Luo，2009；Varadarajan & Menon，1988）。相反，同等情况下，研发投入较多的企业可以更有效地促进产品和流程创新，从而更好地发挥企业社会责任行为在创造商业价值、开发战略资源、规避市场风险等方面的作用。

（三） 进一步讨论的问题

通过以上分析，我们可以初步得出结论：研发投入可以强化企业社会责任的市场竞争效应。但是以往相关研究将研发投入作为调节变量纳入实证模型后，却得出了复杂、模糊的实证结果（Hull & Rothenberg，2008）。这说明，企业社会责任与企业研发和创新投入的关系错综复杂（Costa，et al.，2015）。Hasseldine 等人（2005）也指出，研发投入最终能否惠及企业的其他利益相关者群体或者有利于保护环境，是一个充满质疑和争论的主题。因此，企业社会责任与研发投入两者间的交互关系有待进一步讨论。

当企业创新或研发投入对企业生存至关重要时，企业社会责任的市场竞争效应就不那么明显。Gallego-Álvarez（2011）的研究表明，企业研发投入越多，企业可持续发展实践反而越少，即企业社会责任对企业创新存在消极影响。这也可以从经济学视角得到解释，企业社会责任与企业创新的负相关关系表明，对于拥有最新产品或现有产品市场占有率较高的企业，并不需要其他理由来吸引消费者（Hull & Rothenberg，2008）。正如 McWilliams 和 Siegel（2000）所言，创新是企业绩效的一个重要驱动因素，而当创新被纳入企业社会责任与企业绩效的关系机制后，两者间的关系并不显著。对于持续创新的企业而言，企业只需履行最基本的企业社会责任以防外部管制的消极影响。而对研发投入和创新力度较小的企业而言，则需要通过提高企业社会责任投入以实现差异化价值、提高财务绩效水平。只要企业产品质量尚可并且略微比竞争对手更具优势，那么企业社会责任就能为研发投入较少的企业带来显著的竞争优势（Mackey，et al.，2007；Siegel & Vitaliano，2007）。因此，研发和创新投入可能为消费者提供一种新的、潜在的独特选择，无论企业社会责任履行与否，创新都会挤出企业社会责任带来的这种优势，即研发投入或企业创新越多，企业社会责任所带来的市场竞争效应就越小（Hull & Rothenberg，2008）。综上分析，本研究提出竞争性的假设3：

假设3a：对于有研发投入的企业，其企业社会责任与未来产品市场增长（产品市场竞争）正相关。

假设3b：对于有研发投入的企业，其企业社会责任与未来产品市场增长（产品市场竞争）负相关。

四、营销能力的调节效应

（一）资源基础理论与营销能力

资源基础理论将一个企业看成资源和能力的综合体，并将"能力"定义为企业对资源进行优化配置以达到企业的预期目标（Amit & Schoema-ker，1993）。Day（1994）在 *The Capabilities of Market-driven Organizations* 一文中，指出"能力是技能和知识累积的复合体，它通过组织过程使企业得以协调其各项活动和有效利用其资产"，并认为与营销职能相关的市场感知能力、顾客联结能力和渠道结合能力是市场驱动型组织的独特能力。有学者进一步研究发现，营销能力是指企业将集体的知识、技能和资源运用于满足相关市场需求，并通过增加其产品和服务的价值来满足竞争需要的整合过程（韩德昌、韩永强，2010）。相对而言，企业营销能力并不限于对营销资源的拥有，还须对企业资源高效地整合和转换以达到理想的营销结果。而这种营销能力不仅取决于企业以往的投资，还需要源源不断的投资和维护以形成某种路径依赖（Bharadwaj, et al., 1993）。

早期相关学者 Möller 和 Anttila（1987）认为营销能力是一个整合过程，由企业内部与营销相关的市场资产、人力资源和组织资产构成综合体。根据 Dutta 等人（1999）、Xiong 和 Bharadwaj（2013）的研究，可将营销能力定义为一个企业将营销资源转化为销售收入的效率。营销能力被定义为一个整合过程，即企业通过理解消费者复杂的特定需求，利用其有形资源和无形资源实现产品差异化，以达到获取卓越的品牌资产的目的（Song, et al., 2007；Song, et al., 2005）。从以上定义可以看出，营销能力的内涵至少包含三层含义：首先，营销能力是企业将知识资源和其他有形或无形资源结合起来创造优异消费者资源的能力；其次，营销能力是识别消费者需求并与消费者建立良好关系的能力；最后，营销能力是企业差异化其产品和服务的能力，它使得企业能比其竞争对手更快地建立竞争优势（韩德昌、韩永强，2010；Weerawardena，2003）。

Dutta 等人（1999）的研究表明，尽管企业的研发投入较多，但由于企业的营销能力匮乏，企业无法将这种研发能力转化为商业可行、市场接受的产品。因此，高科技市场的企业需要擅长两件事：

第一，要提高不断创新的能力，包括加大研发投入、提升研发能力；第二，还应具备将企业创新转化为商业化产品的能力，这种能力需要及时捕捉消费者的需求和偏好。根据资源基础理论对营销能力的定义，本研究认为：一方面，营销能力可以帮助企业执行相关战略以改善企业绩效；另一方面，营销能力可以抵御竞争对手的模仿和替代。营销能力能帮助企业获取、维持竞争优势（Day，1994）。

（二）企业社会责任与营销能力

我们认为，营销能力能强化企业社会责任的市场竞争效应。首先，企业的营销能力取决于理解消费者需求、发现市场机会的能力，而这需要企业把控市场环境以及与消费者建立牢靠关系（Dutta，et al.，1999）。对于营销能力较强的企业来说，它们在识别消费者需求、理解影响消费者行为的因素上展现出明显的优势，并且相较于竞争对手能更好地找准目标市场并进行市场定位（Jaworski & Kohli，1993）。那么对于拥有较强营销能力、高效利用营销资源的企业而言，相较于竞争对手，它们可以根据消费者对企业社会责任行为的响应及其行为的变化迅速做出应对。市场知识和营销能力的积累能够帮助企业时刻把握供应与需求的动态变化，因此，企业在某种程度上能预测企业社会责任行为对消费者和投资者的影响程度并迅速采取行动。

其次，对于能更好地理解消费者需求的企业，它们能提供优于竞争对手、更能迎合市场需求的产品和服务，故能够与消费者建立起牢靠的关系（Hoch & Deighton，1989）。企业通过投入更多资源与消费者互动，可以提高自身的市场感知能力（Narasimhan，et al.，2006）。获得高质量消费者反馈需要监测环境以及与消费者建立牢固关系，而这种关系一旦建立起来，就不会被竞争对手轻易模仿或打破，因为它通常是企业所特有的并且具有高度内隐性（Day，1994）。因此，消费者和投资者更有可能将企业社会责任行为视为旨在改善社会福利的利他行为，而非某种"不务正业""别有用心"的动机的表现。所以，营销能力有利于企业构建起强势的品牌形象，从而为企业带来更优越的市场绩效。

最后，营销能力较强的企业，可以更好地发挥其技术优势和创新能力的影响效应，使企业的新产品开发更快地适应外部市场环境的变化（Narasimhan，et al.，2006）。而那些在产品生产方面表现更好的企业一旦履行企业社会责任，更能引起消费者的积极响应。

Dutta 等人（1999）认为，企业层面的营销目标之一就是提高企业产品在现有的和潜在的消费者心中的价值，而这一目标部分体现在基于对消费者需求以及特定目标市场的理解上提升销售量。此外，销售量的提升对于扩大产品市场份额至关重要，因此销售收入成为营销的主要目标。我们还认识到，企业的营销能力越强，企业越能了解消费者需求、发现市场机会、把控市场环境并且与消费者建立牢靠关系。因此，当行业面临潜在的市场需求或良好的投资机会时，对于履行企业社会责任表现越积极并且营销能力越强的企业，越能获得消费者和外界的认可和支持，不仅获得相较行业竞争对手更好的投资机会，还能迅速地满足潜在的消费需求、把握市场机会，从而提高企业在行业中的相对产品市场增长率，并迅速扩大在行业中的相对市场份额。综上分析，本研究提出假设4：

假设4：对于营销能力较强的企业，其企业社会责任与未来产品市场增长（产品市场竞争）正相关。

第二节　研究设计

一、数据来源与样本选择

本研究选取2010—2013年中国深沪A股市场的上市公司作为研究样本，并按照以下原则对原始样本进行筛选：①剔除经过ST或*ST处理的公司；②剔除金融、保险业公司；③剔除同时发行B股或H股的公司；④剔除数据缺失的公司。为了控制极端值的影响，我们采用Winsorization方法对异常值进行处理。在回归前对所有连续变量进行了1%的Winsorize处理，最终获得6 763例样本观测值。本研究中企业社会责任的相关数据来源于和讯网（http://www.hexun.com/，和讯网的评测体系数据来源于上海证券交易所和深圳证券交易所上市企业通过官网发布的社会责任报告及年报），其他变量的数据均来源于国泰安（CSMAR）数据库。

二、相关变量设定

（一）企业市场竞争

本研究借鉴陆正飞和韩非池（2013）的研究，通过行业相对产品市场增长测量企业的市场竞争效应（*zgrowth*），将行业相对产品市场增长 *zgrowth* 定义为：

$$zgrowth_{i,t} = （growth_{i,t} - indmeangrowth_t）/indstdgrowth_t$$

其中，$growth_{i,t}$ 为 i 企业第 t 年度的营业收入增长率，$indmeangrowth_t$ 则表示该企业所在行业该年度所有企业的平均营业收入增长率，$indstdgrowth_t$ 则表示该企业所在行业第七年度所有企业的营业收入增长率的标准差。因此，$zgrowth_{i,t}$ 表示 i 企业第 t 年度在其同年度同行业企业营业收入增长率分布中的分位数，刻画了该企业第 t 年度的行业相对产品市场增长，即该企业在行业中相对的成长速度（陆正飞、韩非池，2013）。

（二）企业社会责任的测量

企业社会责任的测量方式主要有五种：专业机构生成的数据、内容分析法、污染指数测量、以问卷为基础的感知测量、企业声誉指数（衣凤鹏、徐二明，2014）。专业机构生成的数据越来越受到学者的青睐，例如，Luo 和 Bhattacharya（2006）对企业社会责任的测量采用了《财富》杂志"美国最受尊敬公司排行榜"的相关数据。衣凤鹏和徐二明（2014）则采用了润灵环球（RKS）提供的企业社会责任评级数据。

（三）调节变量

本研究中选取的调节变量包括广告投入、研发投入和营销能力。其中，广告投入和研发投入为虚拟变量，若当年有广告投入或研发投入，取值为1，否则取值为0。另外，本研究还将考察不同产权属性下企业社会责任与市场竞争之间的关系，本研究将产权属性设置为虚拟变量（state），当企业为国有企业时取值为1，否则取值为0。

以往营销学相关研究主要通过主观性的问卷调查指标来测量营销能力，如Song等人（2005）选取了竞争者了解程度、广告有效性、顾客关系管理等指标测量营销能力，Fang和Zou（2009）从三个跨职能组织过程来识别和测量动态营销能力，即产品开发管理、供应链管理和顾客关系管理。又如陈锟和于建原（2009）将营销能力划分为营销战略能力、营销战术能力和市场影响能力三个维度。李清政等人（2010）从信息能力、营销管理能力、顾客关系能力、营销战术能力和市场影响力五个方面设计了营销能力问卷。然而，由于这些指标结果都是由管理者的主观感知推断而来，因此，学术界对上述测量方式的准确性存在质疑和争议。Mezias和Starbuck（2003）就指出，基于管理者感知数据的问卷调查往往会得出一些错误的结论，这主要缘于管理者对组织和外部环境的感知并不准确。综合这些考虑，本研究将采用专业机构生成的数据来测量企业的营销能力。

由于营销能力是企业通过对其资源优化配置而获得所期望的市场和财务绩效的一个整合过程（Vorhies & Morgan，2005），因此本研究将运用投入—产出模型（随机前沿模型 SFA）来测量营销能力。企业层面的营销目标之一就是提高企业产品在现有的和潜在的消费者心目中的价值，而这一目标部分体现在基于对消费者需求以及特定目标市场的理解上提升销售量。此外，销售量的提升对于扩大市场份额至关重要，故将销售收入作为营销的目标（Dutta，et al.，1999）。本研究将销售收入作为输出指标。销售收入这一营销目标的实现取决于营销相关活动的投入，如促销活动、无形资源、广告宣传、技术基础以及顾客基础等（Dutta，et al.，1999；Nath，et al.，2010；Xiong & Bharadwaj，2013）。本研究选取营销支出、无形资源和顾客基础作为营销能力的输入指标：其中，营销支出通过销售费用来测量；无形资源反映了企业在构建品牌资产上的相关活动（Slotegraaf，et al.，2003），以无形资产作为测量指标，表示可以为企业产生溢价的品牌资产、知识产权、专利和商誉等；将顾客基础表示为从老顾客那里获取的销售收入（Dutta，et al.，1999），企业可以借助已有顾客，通过交叉销售和向上销售来提升销售收入，因此，本研究以销售收入增长这一指标来测量顾客基础（Vorhies & Morgan，2005），这表明通过有效营销可从以往销售中获取溢出价值。基于以上分析，本研究构建出营销能力的随机前沿模型：销售收入 = f（营销支出，无形资源，顾客基础）（见表 4 - 1）。

表4－1　营销能力的变量与测量指标

	变量	测量指标
资源	营销支出	销售费用
	无形资源	无形资产
	顾客基础	销售收入增长
营销目标	销售收入	营业额

（四）控制变量

综合以往产品市场竞争研究的相关文献，本研究掌握了现有研究认为对产品市场竞争具有重要影响的变量。我们选取企业规模（*size*）、财务杠杆（*lev*）、成长性（*growth*）、年度和行业等指标共同作为控制变量，具体见表4－2。

表4－2　主要变量定义

变量	含义	变量定义
zgrowth	行业相对产品市场增长	以行业相对产品市场增长测量企业的市场竞争效应；zgrowth ＝（企业该年度营业收入增长率－该企业所在行业该年度所有企业平均营业收入增长率）／该企业所在行业该年度所有企业营业收入增长率标准差

（续上表）

变量	含义	变量定义
csr	企业社会责任	根据和讯网上市公司社会责任报告专业评测体系，企业社会责任由所得税占利润总额比和公益捐赠金额两部分构成，具体数据来源于上海证券交易所和深圳证券交易所上市企业通过官网发布的社会责任报告及年报
ad	广告投入（虚拟变量）	若当年有广告投入，取值为1，否则取值为0
rd	研发投入（虚拟变量）	若当年有研发投入，取值为1，否则取值为0
mc	营销能力	根据营销能力的随机前沿模型：销售收入=*f*（营销支出，无形资源，顾客基础）计算得出
size	企业规模	企业期末总资产取自然对数
lev	财务杠杆	期末总负债与期末总资产之比
growth	成长性	主营业务收入增长率，等于当年营业收入减去上年营业收入后除以上年营业收入
state	产权属性	根据最终控制人性质，国有企业取值为1，否则取值为0

三、研究模型

为了检验假设 1，本研究参考了 Campello（2006）、Fresard（2010）以及陆正飞和韩非池（2013）的方法，根据前文假设，结合可能影响产品市场竞争的变量，构建了如下模型以检验企业社会责任对企业产品市场竞争的影响。

$$zgrowth_{i,t} = \beta_0 + \beta_1 csr_{i,t-1} + \beta_2 size_{i,t-1} + \beta_3 lev_{i,t-1} + \beta_4 lev_{i,t-2} + \beta_5 growth_{i,t-1} + \beta_6 growth_{i,t-2} + \sum yeardummy + \sum industrydummy + \varepsilon_{i,t}（模型 4-1）$$

其中，*zgrowth* 表示本研究中的被解释变量（行业相对产品市场增长），*csr* 是解释变量（企业社会责任）。此外，研究中选取了企业规模（*size*）、财务杠杆（*lev*）、成长性（*growth*）以及年度和行业等指标共同作为控制变量。

为了检验假设 2~4，本研究构建了如下回归模型（模型 4-2、模型 4-3 和模型 4-4）。对于假设 2，本研究首先将样本分为有广告投入和无广告投入两个子样本，通过研究模型 4-2 检验广告投入对企业社会责任的市场竞争效应的影响。

$$zgrowth_{i,t} = \beta_0 + \beta_1 csr_{i,t-1} + \beta_2 ad_{i,t-1} + \beta_3 csr_{i,t-1} \times ad_{i,t-1} + \beta_4 size_{i,t-1} + \beta_5 lev_{i,t-1} + \beta_6 lev_{i,t-2} + \beta_7 growth_{i,t-1} + \beta_8 growth_{i,t-2} + \sum yeardummy + \sum industrydummy + \varepsilon_{i,t}（模型 4-2）$$

同样，对于假设 3，本研究将样本划分为有研发投入和无研发投入两个子样本，使用模型 4 - 3 检验研发投入如何调节企业社会责任对市场竞争效应的影响。

$$zgrowth_{i,t} = \beta_0 + \beta_1 csr_{i,t-1} + \beta_2 rd_{i,t-1} + \beta_3 csr_{i,t-1} \times rd_{i,t-1} + \beta_4 size_{i,t-1} +$$
$$\beta_5 lev_{i,t-1} + \beta_6 lev_{i,t-2} + \beta_7 growth_{i,t-1} + \beta_8 growth_{i,t-2} + \sum yeardummy + \sum industrydummy + \varepsilon_{i,t}（模型 4 - 3）$$

对于假设 4，本研究进一步将样本划分为营销能力弱和营销能力强两个子样本，并使用模型 4 - 4 考察营销能力如何影响企业社会责任的市场竞争效应。

$$zgrowth_{i,t} = \beta_0 + \beta_1 csr_{i,t-1} + \beta_2 mc_{i,t-1} + \beta_3 csr_{i,t-1} \times mc_{i,t-1} + \beta_4 size_{i,t-1} +$$
$$\beta_5 lev_{i,t-1} + \beta_6 lev_{i,t-2} + \beta_7 growth_{i,t-1} + \beta_8 growth_{i,t-2} + \sum yeardummy + \sum industrydummy + \varepsilon_{i,t}（模型 4 - 4）$$

最后，为了进一步考察不同产权属性下企业社会责任与产品市场竞争之间的关系，我们还构建了模型 4 - 5。

$$zgrowth_{i,t} = \beta_0 + \beta_1 csr_{i,t-1} + \beta_2 state_{i,t-1} + \beta_3 csr_{i,t-1} \times state_{i,t-1} +$$
$$\beta_4 size_{i,t-1} + \beta_5 lev_{i,t-1} + \beta_6 lev_{i,t-2} + \beta_7 growth_{i,t-1} + \beta_8 growth_{i,t-2} + \sum yeardummy + \sum industrydummy + \varepsilon_{i,t}（模型 4 - 5）$$

114

第三节　实证分析

一、描述性统计与相关性分析

本研究中相关变量的描述性统计如表 4 - 3 所示。从表 4 - 3 主要变量的描述性统计中可以看出，行业相对产品市场增长的平均值和标准差分别为 0.021 8 和 0.222。企业社会责任的平均值和标准差分别为 5.513 和 4.347，最大值和最小值分别为 15 和 - 0.175，这表明，我国不同上市公司的企业社会责任存在较大差异。另外，表 4 - 3 中还呈现了变量的描述性统计结果。

表 4 - 3　产品市场竞争及其前因的描述性统计

变量	观测数	平均值	标准差	最小值	下四分位数	中位数	上四分位数	最大值
$zgrowth$	6 763	0.021 8	0.222	- 0.608	- 0.014 0	1.18e - 05	0.015 8	1.334
csr	6 763	5.513	4.347	- 0.175	2.400	4.770	8.420	15
$size_{t-1}$	6 763	21.84	1.337	18.59	20.92	21.71	22.61	26.68
lev_{t-1}	6 763	0.509	0.255	0.042 4	0.334	0.505	0.660	1.765
lev_{t-2}	6 763	0.503	0.263	0.042 4	0.328	0.497	0.650	1.765
$growth_{t-1}$	6 763	0.232	0.660	- 0.729	- 0.027 2	0.125	0.305	4.733
$growth_{t-2}$	6 763	0.245	0.648	- 0.729	- 0.006 05	0.148	0.331	4.733

在进行回归分析之前，本研究对模型4－1中的主要变量进行了Pearson相关系数分析，具体分析结果如表4－4所示。从主要变量的相关系数结果来看，企业社会责任（csr）与行业相对产品市场增长（$zgrowth$）的相关系数呈现出显著的正相关关系，这初步印证了前文的假设1，因此有必要对两者关系做进一步分析和讨论。此外，从控制变量与行业相对产品市场增长（$zgrowth$）的相关系数来看，除成长性（$growth_{t-1}$和$growth_{t-2}$）外，各变量间也呈现出较为显著的相关关系。而解释变量（csr）也与除财务杠杆（lev_{t-1}和lev_{t-2}）之外的其他变量存在较为显著的相关关系。

表4－4　产品市场竞争及其前因的相关系数

变量	1	2	3	4	5	6	7
$zgrowth$	1.000 0						
csr	0.028 7**	1.000 0					
$size_{t-1}$	−0.031 0**	0.225 4***	1.000 0				
lev_{t-1}	0.057 5***	0.011 1	0.176 3***	1.000 0			
lev_{t-2}	0.033 0***	0.015 7	0.146 6***	0.905 5**	1.000 0		
$growth_{t-1}$	0.017 5	0.055 0***	0.050 0***	0.041 7**	0.076 9***	1.000 0	
$growth_{t-2}$	0.015 1	0.068 8***	0.090 7***	0.025 6**	0.023 2***	−0.020 5**	1.000 0

注：$**p<0.05$，$***p<0.01$。

二、回归分析结果

　　企业社会责任与产品市场竞争的关系如表4－5所示，表4－5中分析了企业社会责任（*csr*）如何影响行业相对产品市场增长。在表4－5中，模型（1）只放入了企业规模（*size*）、财务杠杆（*lev*）、成长性（*growth*）三个控制变量，模型（2）在模型（1）的基础上加入了解释变量"企业社会责任"（*csr*），模型（3）进一步控制了行业变量，模型（4）控制了企业规模（*size*）、财务杠杆（*lev*）、成长性（*growth*）、年度和行业指标后，企业社会责任（*csr*）的系数显著为正（$\beta = 0.004\ 7$，$p < 0.05$）。我们看到，从模型（2）到模型（4），企业社会责任（*csr*）这一解释变量的显著性都未发生实质性改变。以上分析说明企业社会责任能够提高企业在行业中的相对产品市场增长，即企业社会责任与企业未来产品市场增长正相关，因此，假设1得到了验证。这说明，企业社会责任（*csr*）能够发挥其在产品市场竞争中的战略作用。

表4－5　企业社会责任与产品市场竞争的关系①

	模型（1） *zgrowth*	模型（2） *zgrowth*	模型（3） *zgrowth*	模型（4） *zgrowth*
$size_{t-1}$	$-0.007\ 75$ *** （-4.22）	$-0.009\ 21$ *** （-4.88）	$-0.016\ 1$ *** （-6.65）	$-0.015\ 9$ *** （-6.20）

---

　　① 模型（1）～模型（4）分别代表了四种回归分析过程：控制变量对因变量的回归；加入解释变量的回归；加入行业变量的回归；全模型回归。

（续上表）

	模型（1） zgrowth	模型（2） zgrowth	模型（3） zgrowth	模型（4） zgrowth
lev_{t-1}	0.146 *** （5.92）	0.149 *** （6.24）	0.150 *** （5.86）	0.148 *** （5.65）
lev_{t-2}	− 0.096 8 ** （− 2.66）	− 0.098 0 ** （− 2.72）	− 0.091 3 ** （− 2.58）	− 0.090 0 * （− 2.58）
$growth_{t-1}$	0.007 39 （0.92）	0.006 81 （0.82）	0.005 84 （0.69）	0.007 30 （1.04）
$growth_{t-2}$	0.006 21 * （2.37）	0.005 54 （1.90）	0.005 23 （1.53）	0.003 55 （0.72）
csr		0.001 99 * （2.54）	0.004 63 ** （2.99）	0.004 70 ** （3.13）
$\_cons$	0.162 *** （4.31）	0.183 *** （4.51）	0.314 *** （6.80）	0.325 *** （8.30）
N	6 763	6 763	6 763	6 763
行业	不控制	不控制	控制	控制
年度	不控制	不控制	不控制	控制
$F\ Value$	5.00	5.10	5.21	2.58
R^2	0.008	0.009	0.045	0.103

注：表中数据为各自变量的回归系数，括号内为经过企业与年度两维度 cluster 修正后的稳健性 t 值；$*p<0.1$，$**p<0.05$，$***p<0.01$。

广告投入、企业社会责任与产品市场竞争的关系如表 4－6 所示，其回归结果则显示了广告投入如何影响企业社会责任的市场竞争效应。首先，我们考察了广告投入与企业社会责任的交互效应，在表 4－6 中，模型（1）（全样本）广告投入与企业社会责任的交互项（$ad \times csr$）系数 $\beta = 0.001\,93$（$p < 0.05$），这表明，广告投入对企业社会责任与企业未来产品市场增长的关系起了正向调节作用。然后，我们进一步将样本分为有广告投入和无广告投入两个子样本。从表 4－6 的回归分析数据结果得出：在模型（2）（有广告投入样本组）中，企业社会责任（csr）的回归系数显著为正（$\beta = 0.005\,21$，$p < 0.01$），而在模型（3）（无广告投入样本组）中，企业社会责任（csr）的回归系数不显著（$\beta = 0.002\,66$，$p < 0.1$）。这进一步说明了广告投入在企业社会责任与企业未来产品市场增长之间产生显著的正向调节作用。以上分析表明，广告投入能更好地发挥企业社会责任在产品市场竞争中的战略作用。

表 4－6　广告投入、企业社会责任与产品市场竞争的关系

	模型（1）*zgrowth* 全样本	模型（2）*zgrowth* 有广告投入	模型（3）*zgrowth* 无广告投入
csr	0.002 98 (1.41)	0.005 21*** (3.56)	0.002 66 (1.75)
ad_dum	－0.015 8*** （－6.95）		
ad × csr	0.001 93** (2.74)		

（续上表）

	模型（1）*zgrowth* 全样本	模型（2）*zgrowth* 有广告投入	模型（3）*zgrowth* 无广告投入
$size_{t-1}$	− 0.016 0 ***	− 0.015 7 ***	− 0.020 9 ***
	（− 6.38）	（− 6.71）	（− 6.79）
lev_{t-1}	0.148 ***	0.149 ***	0.181 *
	（5.58）	（4.76）	（2.43）
lev_{t-2}	− 0.088 9 *	− 0.097 9 **	− 0.083 5
	（− 2.48）	（− 2.99）	（− 1.06）
$growth_{t-1}$	0.007 66	0.009 74	− 0.006 00
	（1.07）	（1.18）	（− 0.89）
$growth_{t-2}$	0.001 74	0.004 89	− 0.008 74 **
	（0.33）	（0.80）	（− 2.76）
_cons	0.304 ***	0.324 ***	0.414 ***
	（7.93）	（10.61）	（8.60）
N	6 761	5 187	1 576
行业	控制	控制	控制
年度	控制	控制	控制
F Value	5.40	4.17	5.21
R^2	0.050	0.046	0.045

注：表中数据为各自变量的回归系数，括号内为经过企业与年度两维度 cluster 修正后的稳健性 t 值；$* p < 0.1$，$** p < 0.05$，$*** p < 0.01$。

　　研发投入、企业社会责任与产品市场竞争的关系如表 4 − 7 所示，表4 − 7 的回归结果则显示了研发投入如何影响企业社会责任的市场竞争效应。与上文分析一致，首先，我们考察研发投入与企业社会责任的交互效应，在表4-7中，模型（1）（全样本）研发投入与企业社会责任的交互项（$rd \times csr$）系数显著为负（$\beta = -0.002\ 30$，$p < 0.1$），这表明，研发投入在企业社会责任与企业未来产品市场增长之间起了负向调节作用。然后，我们进一步将样本分为有研发投入和无研发投入两个子样本，对比在有研发投入和无研发投入两种条件下企业社会责任（csr）的回归系数。从表4-7的数据结果可以看出，模型（2）（有研发投入样本组）的企业社会责任（csr）的回归系数 $\beta = 0.003\ 01$（$p < 0.1$），而模型（3）（无研发投入样本组）的企业社会责任（csr）的回归系数 $\beta = 0.006\ 26$（$p < 0.01$）。这进一步说明了研发投入对企业社会责任与企业未来产品市场增长的关系的负向调节作用。以上分析说明，研发投入并不能发挥企业社会责任在产品市场竞争中的战略作用，反而挤出了企业社会责任的市场竞争效应。

表4-7　研发投入、企业社会责任与产品市场竞争的关系

	模型（1）zgrowth 全样本	模型（2）zgrowth 有研发投入	模型（3）zgrowth 无研发投入
csr	0.005 25 ** (3.21)	0.003 01 * (2.50)	0.006 26 *** (4.05)
rd_dum	0.004 77 (0.60)		

（续上表）

	模型（1）zgrowth 全样本	模型（2）zgrowth 有研发投入	模型（3）zgrowth 无研发投入
$rd \times csr$	$-0.002\ 30^{*}$ （-2.19）		
$size_{t-1}$	$-0.015\ 4^{***}$ （-6.37）	$-0.009\ 6$ （-1.89）	$-0.018\ 9^{***}$ （-3.52）
lev_{t-1}	0.152^{***} （4.98）	0.152^{***} （5.60）	0.141^{*} （2.09）
lev_{t-2}	$-0.093\ 2^{**}$ （-2.74）	-0.131^{***} （-5.17）	$-0.060\ 5$ （-0.78）
$growth_{t-1}$	$0.007\ 71$ （1.13）	$0.009\ 82$ （0.75）	$0.001\ 67$ （0.89）
$growth_{t-2}$	$0.001\ 53$ （0.32）	$0.003\ 06$ （0.38）	$0.001\ 10$ （0.19）
$\_cons$	0.313^{***} （8.78）	0.171 （1.70）	0.354^{***} （4.13）
N	6 748	4 333	2 430
行业	控制	控制	控制
年度	控制	控制	控制
$F\ Value$	5.36	4.71	3.00
R^2	0.051	0.059	0.065

注：表中数据为各自变量的回归系数，括号内为经过企业与年度两维度 cluster 修正后的稳健性 t 值；$*p<0.1$，$**p<0.05$，$***p<0.01$。

营销能力、企业社会责任与产品市场竞争的关系如表4-8所示，表4-8的回归结果则显示了营销能力如何影响企业社会责任的市场竞争效应。按照之前的逻辑，首先，我们考察营销能力与企业社会责任的交互效应，从表4-8模型（3）中可见，营销能力与企业社会责任的交互项（$mc \times csr$）系数 $\beta = 0.00238$（$p < 0.1$），这表明，营销能力对企业社会责任与企业未来产品市场增长的关系起了正向调节作用。然后，我们进一步将样本分为营销能力强和营销能力弱两个子样本。从表4-8的回归分析数据结果得出：模型（1）（营销能力强样本组）中企业社会责任（csr）的回归系数显著为正（$\beta = 0.00530$，$p < 0.01$），而模型（2）（营销能力弱样本组）中企业社会责任（csr）的回归系数并不显著（$\beta = 0.00330$，$p > 0.1$）。这进一步说明了营销能力在企业社会责任与企业未来产品市场增长之间存在显著的正向调节作用。以上分析说明，强的营销能力能更好地促进企业社会责任在产品市场竞争中的战略作用，即营销能力越强，企业社会责任对产品市场竞争的积极影响效应就越大。

表4-8　营销能力、企业社会责任与产品市场竞争的关系

	模型（1）*zgrowth* 营销能力强	模型（2）*zgrowth* 营销能力弱	模型（3）*zgrowth* 全样本
csr	0.005 30 *** (3.53)	0.003 30 (1.70)	0.002 43 ** (2.54)
$size_{t-1}$	-0.036 6 *** (-13.62)	-0.011 6 *** (-3.41)	-0.025 9 *** (-12.54)

（续上表）

	模型（1）*zgrowth* 营销能力强	模型（2）*zgrowth* 营销能力弱	模型（3）*zgrowth* 全样本
lev_{t-1}	0.249***	0.116***	0.165***
	(6.04)	(5.24)	(7.95)
lev_{t-2}	-0.123**	-0.089 3*	-0.104**
	(-2.87)	(-2.42)	(-2.81)
$growth_{t-1}$	0.015 9*	-0.000 672	0.008 87
	(2.56)	(-0.05)	(1.19)
$growth_{t-2}$	0.004 99	-0.021 7***	-0.006 98
	(0.64)	(-3.63)	(-1.58)
mc_dum			0.043 7***
			(4.75)
$mc \times csr$			0.002 38*
			(1.93)
$\_cons$	0.721***	0.209***	0.484***
	(13.11)	(3.80)	(14.62)
N	3 479	2 817	6 296
行业	控制	控制	控制
年度	控制	控制	控制
F Value	5.12	3.55	6.55
R^2	0.107	0.057	0.068

注：表中数据为各自变量的回归系数，括号内为经过企业与年度两维度 cluster 修正后的稳健性 t 值；$*p < 0.1$，$**p < 0.05$，$***p < 0.01$。

为了考察不同产权属性下企业社会责任与产品市场竞争之间的关系，我们设置了产权属性为虚拟变量（*state*），当企业为国有企业时取值为 1，否则取值为 0。我们将样本分为国有企业和民营企业两个子样本（本书的民营企业为广泛意义上的民营企业，即除国有企业外的所有企业），我们对比了国有企业和民营企业两种企业类型下企业社会责任（*csr*）的回归系数。产权属性、企业社会责任与产品市场竞争的关系如表 4 - 9 所示。从表 4 - 9 的数据结果可以看出，模型（2）（国有企业样本组）中，企业社会责任（*csr*）的回归系数 $\beta = 0.003\,42$（$p < 0.05$），而在模型（3）（民营企业样本组）中，企业社会责任（*csr*）的回归系数 $\beta = 0.006\,21$（$p < 0.01$）。另外，我们还发现产权属性与企业社会责任的交互项（*state* × *csr*）系数显著为负（$\beta = -0.001\,63$，$p < 0.01$），这进一步说明了产权属性对企业社会责任与企业未来产品市场增长之间关系的负向调节作用。以上分析说明，对于国有企业而言，企业社会责任与行业相对产品市场增长负相关，这表明国有企业的社会责任并未能显著提高企业的市场竞争效应，相反，对于民营企业而言，企业社会责任能够发挥其在产品市场竞争中的战略作用。

表 4 - 9　产权属性、企业社会责任与产品市场竞争的关系

	模型（1）*zgrowth* 全样本	模型（2）*zgrowth* 国有企业	模型（3）*zgrowth* 民营企业
csr	0.005 52 *** (3.40)	0.003 42 ** (2.65)	0.006 21 *** (3.44)

（续上表）

	模型（1）$zgrowth$ 全样本	模型（2）$zgrowth$ 国有企业	模型（3）$zgrowth$ 民营企业
$state$	0.000 894 (0.11)		
$state \times csr$	-0.001 63*** (-4.68)		
$size_{t-1}$	-0.015 1*** (-7.31)	-0.010 1*** (-8.03)	-0.022 1*** (-4.72)
lev_{t-1}	0.148*** (5.57)	0.107 (1.24)	0.179*** (3.58)
lev_{t-2}	-0.088 1* (-2.44)	-0.072 3 (-0.92)	-0.098 4* (-2.33)
$growth_{t-1}$	0.007 02 (1.06)	0.015 3 (1.67)	0.000 018 5 (0.00)
$growth_{t-2}$	0.003 43 (0.73)	-0.005 29 (-1.09)	0.009 34 (1.58)
$\_cons$	0.271*** (8.89)	0.207*** (8.38)	0.454*** (6.80)
N	6 758	3 505	3 253
行业	控制	控制	控制
年度	控制	控制	控制
$F\ Value$	5.17	6.55	3.22
$R\hat{\ }2$	0.049	0.058	0.058

注：表中数据为各自变量的回归系数，括号内为经过企业与年度两维度 cluster 修正后的稳健性 t 值；$*p < 0.1$，$**p < 0.05$，$***p < 0.01$。

本章小结

本章旨在探讨企业社会责任与产品市场竞争的主效应，并进一步讨论广告投入、研发投入以及营销能力这三类营销战略对企业社会责任的市场竞争效应的影响。本章共分 4 个部分，分别为研究假设、研究设计、实证分析以及小结。在提出企业社会责任与产品市场竞争的关系假设以及广告投入、研发投入、营销能力与企业社会责任和产品市场竞争的关系假设后，选取 2010—2013 年中国深沪 A 股市场的上市公司作为研究样本，对研究模型进行了实证检验。研究表明企业社会责任与企业未来产品市场增长正相关，企业社会责任能够发挥其在产品市场竞争中的战略作用；广告投入能更好地发挥企业社会责任在产品市场竞争中的战略作用；研发投入并不能发挥企业社会责任在产品市场竞争中的战略作用，反而挤出了企业社会责任的市场竞争效应；营销能力能更好地促进企业社会责任在产品市场竞争中的战略作用，即营销能力越强，企业社会责任对产品市场竞争的积极影响效应就越强烈；产权属性对企业社会责任与企业未来产品市场增长之间的关系存在负向调节作用。

第五章　企业社会责任的市场价值效应

我们在前面已经讨论过，广告投入、研发投入和营销能力为企业社会责任与企业价值创造的关系研究提供了一个企业组织层面的分析框架。其中，广告投入一般代表着企业价值获取和实现的战略行动，通过积累品牌资产和顾客资产来提高未来的销售、利润和股东财富（Joshi & Hanssens，2009）；而研发投入一般代表着企业价值创造的战略行动，使企业通过构建竞争壁垒并提升（可持续）竞争优势来提高企业利润、股票回报和企业价值（Mizik & Jacobson，2003）。除此之外，企业还应具备将企业研发投入和创新能力转化为商业化产品的营销能力。本研究在探讨完企业社会责任与企业市场价值的主效应后，将继续讨论广告投入、研发投入及营销能力这三类营销战略对企业社会责任的市场价值效应的影响。

第一节　研究假设

一、企业社会责任与企业市场价值

代理理论的观点表明，由于企业战略和经营行为（如企业社会责任）与投资者之间存在信息不对称，企业股东或投资者实际上很难对企业社会责任的市场价值效应进行评估，企业社会责任行为很容易被管理者误用和滥用（Barnett，2007），比如张建君（2013）指出，企业社会责任具有明显的政企纽带效应，用以作为管理者在科层制的阶梯上攀爬的资源和助力，但并未将企业社会责任的目标指向企业绩效的提升（McWilliams & Siegel，1997）。

此外，Friedman 等人以新古典经济学为解释依据，指出履行企业社会责任与创造企业利润在某种程度上是一致的，但与实现企业利益最大化以及为股东创造价值存在冲突，并且企业履行社会责任是对企业战略资源的"误用"，不仅耗费企业资源，而且可能与其他重要的经营战略争夺有限的企业资源，这类观点进一步强调，企业承担社会责任"会彻底冲击自由社会的根基"（Friedman，1970）。具体而言，从资本市场的角度来看，不少学者认为履行企业社会责任与实现企业利益最大化以及为股东创造价值是不一致的（Friedman，1970），并且企业社会责任行为会耗费企业资源、不能提高企业的长期股票财富（Luo & Bhattacharya，2009）。

然而，尽管履行企业社会责任在表面上会减少投资者的股票财富，但根据 Graves 和 Waddock（1994）的研究，由于企业社会责任的履行减少了投资者对企业的感知风险，股东们并不会因为企业社会责任的履行而对企业进行惩罚，相反，明智的投资者会增加企业股票的持有量。此外，积极的企业社会责任行为通常离不开利益相关者的积极参与（Choi & Wang，2009），这种建立在利益相关者相互信任与合作基础上的企业社会责任行为降低了机会主义行为的可能性，并且迫使管理者采取长期导向的企业社会责任行为（Bénabou & Tirole，2010），也因此减少了企业管理者隐性的代理成本（贾明、张喆，2010）。相反，事实证明，消极的企业社会责任行为也会降低企业在资本市场上的股票业绩，如万科在汶川地震期间的表现使其 A 股价格从 2008 年 5 月 15 日的 22.99 元下跌至 5 月 26 日的 18.70 元。

利益相关者理论和资源基础理论均表明，企业社会责任能通过影响利益相关者（如消费者、员工、渠道伙伴以及政策制定者等）的积极感知来提升股东的财务价值。例如，企业社会责任会影响消费者对企业的认知关联（Brown & Dacin，1997）、组织认同（Sen & Bhattacharya，2001）、满意度（Luo & Bhattacharya，2006）等。也有研究表明，企业社会责任通过影响员工对组织和消费者的认同进而改善员工工作绩效（Korschun, et al.，2014）。Homburg 等人（2013）的研究还表明，供应商的企业社会责任行为可以增进组织和消费者的信任和认同。另外，企业社会责任行为可以降低政府监管、法律约束以及财政行动等负面影响存在的可能性（Hillman & Keim，2001），并且企业社会责任的履行能为企业带来融资便利、政府补助、投资机会等多方面的经济实惠（戴亦一等，2014），甚至是政府采购合同（Flammer，2015）。履行企业社会责任通过促进利益相关者的积极感知，积累并提高信誉资本或道德资本，为企业创造具有竞争效应的无形资产或品牌资产，促进企业市场份额的增长，而企业的盈利和市场绩效势必影响股东或投资者的投资决策。

除此之外，相关证据表明，企业、股东和投资者之间的信任，是通过对社会资本（企业社会责任）的投资而建立起来的（Lin, et al., 2017）。一方面，社会责任履行较好的企业更愿意向外界披露其企业社会责任的相关信息和活动（Dhaliwal, et al., 2011），企业社会责任及其信息披露可以降低投资者眼中企业未来收益的不确定性以及企业和投资者之间的信息不对称性，从而减少投资者对企业的感知风险（Ghoul, et al., 2011）；另一方面，企业社会责任也可作为一种可信任的信号，相关研究表明，信任有助于缓解信息不对称的问题，从而降低交易成本（Arrow, 1974; Jones, 1995; Ring & Ven, 1992; Williamson, 1973, 1991; Zaheer, et al., 1998），促成投资者与企业达成相互信任与合作共赢的关系，进而直接影响投资者对企业股票的持有。

从以往研究中我们了解到，企业社会责任行为有可能提高企业的市场价值，这可从企业社会责任的直接效应和间接影响两个层面来分析和解释。从直接效应来看，通过企业社会责任行为而积累的信誉资本或道德资本，能够促成投资者与企业达成相互信任与合作共赢的关系，并且企业社会责任及其信息披露可以降低投资者眼中企业未来收益的不确定性以及企业和投资者之间的信息不对称性，从而减少投资者对企业的感知风险，进而直接影响投资者对企业股票的持有。从间接影响来看，履行企业社会责任能够提高消费者的认同感、满意度、忠诚度以及购买意愿，为企业创造具有竞争效应的无形资产或品牌资产，促进企业市场份额的增长，而企业的盈利和市场绩效势必影响股东或投资者的投资决策，因此，企业社会责任可能会间接影响企业的股票回报和市场价值。

基于以上分析，我们认为，企业通过有效的战略性企业社会责任行为，可以提升企业的股票回报率和市场价值，发挥出企业社会责任的市场价值效应。因此我们提出假设5：

假设5：在其他条件相同的情况下，企业社会责任能显著提高企业的市场价值效应。

二、广告投入的调节效应

我们认为，企业社会责任与企业市场价值的关系也受到广告投入的影响。根据信息经济学的信号理论（Spence，1973），信息是理性决策模型的一个基本输入变量。Heath 和 Tversky（1991）的研究表明，相较于更加模糊不清的领域，人们更喜欢在自己有把握或者熟知的领域进行投资和承担风险。相关研究表明，企业的可见性或知名度与利益相关者的积极响应息息相关，即企业的可见性或知名度可以影响消费者、投资者和媒介的积极评价（Pollock，et al.，2008），并且增加对潜在联盟伙伴的吸引力（Pollock & Gulati，2007）。企业社会责任可见性的本质内涵是需要吸引利益相关者的注意，进而获取他们对企业的良好印象（Sirsly & Lamertz，2007）。我们认为，由于广告的信息传导效应和价值溢出效应，广告投入可以更好地发挥企业社会责任的市场价值效应。

（一）广告的信息传导效应

信息是理性决策模型的一个基本输入变量，然而，企业社会责任与企业市场价值之间关系的实证和理论研究都没有考虑有关企业社会责任的信息是否以及在多大程度上传递给了投资者，不少学者也呼吁要系统分析相关信息强度和渠道对不同利益相关者群体的影响（Rowley & Bermar，2000；Wartick，2002；Wood & Jones，1995）。事实上，资本市场会关注许多有关企业社会责任的信息来源和渠道，如新闻媒体、电视广告、企业报表以及政府公报等，这些信息来源和渠道将影响投资者对企业未来现金流、业绩前景和股票价值的评估（Chan，2003）。Frieder 和 Subrahmanyam（2005）认为，企业和品牌的可见性与股票所有权息息相关，这是因为相对于机构投资者，个体投资者并没有广泛获取投资机会的信息来源和渠道，因此不得不转向企业主动传递的相关信息（Field & Lowry，2009），如广告信息。以往研究表明，个体投资者较难获取和处理有关企业未来前景的相关信息，而广告和媒体报道不仅提供给个体投资者获取这类信息的渠道，也增强了这些信息对于个体投资者的可靠性和重要性（Xiong & Bharadwaj，2013），因此，个体投资者更有可能购买引起他们注意的股票（Barber & Odean，2008）。

从广告的信息传导效应来看，企业广告信息可以增强投资者的关注度和响应性，尤其是将企业层面的相关信息传递给机构和个体投资者。Schuler 和 Cording（2006）认为，信息强度是企业社会责任价值实现的关键因素之一，如此，企业社会责任与投资者响应之间也存在一种潜在的信息传导机制（Luo，et al.，2015）。一方面，广告投入为投资者了解企业及其相关社会责任行为提供了信息渠道，当然这并不意味着企业需要宣传其企业社会责任行为，因为广告投入的强度会增进利益相关者对企业的认识，也包括对企业社会责任行为的了解（Servaes & Tamayo，2013）。对于广告投入较多的企业来说，他们与投资者和金融机构之间存在更广泛、更密集的沟通信息，从而更容易促使企业社会责任相关行为转化为企业的道德资本（Joshi & Hanssens，2010），最终得到投资者的积极评价和认可（Pollock，et al.，2008），并且增强对潜在联盟伙伴的吸引力（Pollock & Gulati，2007）。

另一方面，财务和会计的相关文献也表明了广告投入对企业社会责任的市场价值效应的影响。例如，Chemmanur 和 Yan（2009）认为，广告不仅向产品市场展现出质量信号，使消费者以正确的方式衡量企业产品的价格，也向资本市场展现出企业股票的真正价值，使投资者能正确衡量企业股票的价格。企业通过广告投入可使企业相关行动变得更加透明而可靠，故可以降低投资者与企业产品及其企业社会责任相关行为之间的信息不对称性，进而减少现有的和潜在的投资者对企业的感知风险（El Ghoul，et al.，2011）。相关研究也表明，由这种广告效应而产生的品牌资产能为企业股东提供资本市场的信息渠道，从而降低企业的系统风险（Frieder & Subrahmanyam，

2005；Grullon, et al., 2004）。Frieder 和 Subrahmanyam（2005）提出，广告不断强化外界对企业的知晓度，投资者可以获取的信息更具精准度，因此，投资者更加偏好持有具有高认知度企业的股票。Grullon 等人（2004）也指出，因为广告可以减少投资者信息搜寻的成本并且展现现有产品和新项目的特定竞争力，所以能使企业拥有更多与投资者沟通的信息渠道、获得更广泛的股票所有权和更多投资者的注意。

（二）广告的价值溢出效应

从广告的价值溢出效应来看，无论是产品市场还是资本市场，广告投入都具有某种程度的价值溢出效应。相关研究已表明，企业广告不仅能通过提高销售收入和利润来间接影响企业的股票回报，也能直接影响股票回报（Frieder & Subrahmanyam 2005；Grullon, et al., 2004；Joshi & Hanssens，2009）。Luo 和 Donthu（2006）也证实了营销沟通效率对股东价值的积极影响。由广告效应所创造的无形资产，表面上旨在对消费者进行营销，实际上这种效应能外溢至投资者，强化投资者对企业社会责任的认可和支持，并且使企业进一步获取和积累企业社会责任所带来的品牌资产、信誉资本或道德资本，而广告投入从时间和空间上促进了投资者对这种信誉资本或道德资本的了解和认可。行为决策理论的相关研究为广告投入的价值溢出效应提供了证据。Heath 和 Tversky（1991）的研究表明，相较于更加模糊不清的领域，人们更喜欢在自己有把握或者熟知的领域进行投资和冒险。按照这一逻辑，广告投入为投资者了解企业未来股票价值以及企业社会责任行为提供了信息渠道，而企业社会责任可使企业相关行为和企业未来股票价值变得更加透明和可靠。因此，投资者一般偏向于持有具有较高知名度和社会责任感的公司的股票。

综上分析，我们认识到企业通过广告投入可以减少投资者与企业产品、品牌以及企业社会责任相关行为之间的信息不对称，并且能更好地促进企业获得差异化竞争优势，故广告投入能强化企业社会责任的市场价值效应。虽然企业营销活动对财务绩效的积极影响得到了许多研究的证实，但还没有研究验证广告投入对企业价值的长期影响效应（Joshi & Hanssens，2010）。另外，企业社会责任在某种程度上充当了广告宣传的角色（山立威等，2008），企业的资源有限，企业履行社会责任就会减少本应该用于提高股东经济利益的资源，从某种程度上来看，企业社会责任的履行是以牺牲广告投入为代价的（Luo & Bhattacharya，2009）。因此，学术界对于企业社会责任和广告投入之间存在替代关系还是互补关系仍未形成共识，如 Fry 等人（1982）认为，企业社会责任是广告效应的一种有效补充，而 Wang 和 Qian（2011）则揭示了企业社会责任与广告投入之间呈现相互替代关系。因此，我们提出竞争性的假设6：

假设6a：对于有广告投入的企业，其企业社会责任与企业市场价值正相关。

假设6b：对于有广告投入的企业，其企业社会责任与企业市场价值负相关。

三、研发投入的调节效应

（一）资源基础理论与研发投入

资源基础理论强调了无形资源的重要性，如技能、企业文化以及声誉等（Russo & Fouts，1997），如果企业试图创造具有竞争优势和价值效应的产品和服务，那么企业资源必须满足资源基础理论所提出的四个标准，即有价值性、稀缺性、不可完全模仿性以及组织性（Barney，1991）。基于这些标准，企业可以对某些社会复杂性资源，如声誉、企业文化、企业与供应商和消费者的长期关系以及知识资产等进行优化配置，发挥出这些无形资源对企业价值效应的影响（Hillman & Keim，2001；Teece，1998）。

以往大量研究表明，研发与创新能力也是某种社会复杂性资源，具备有价值性、稀缺性、不可完全模仿性以及组织性等特性。新产品开发和新流程的引入及改进与研发投入息息相关（Hitt，et al.，1996），企业研发投入能提升企业长期绩效（Currim，et al.，2012；McWilliams & Siegel，2000；Sridhar，et al.，2014），这一观点的依据是研发投入作为一种技术驱动与投资模式，能推进知识的积累以及产品和流程的创新。而源于研发投入的创新是企业价值创造的重要途径，大量研究已经证明了研发投入的价值效应，包括企业的市场价值和更高的股票回报（Chan，et al.，2001；Mizik & Jacobson，2003）。

(二) 企业社会责任与研发投入

McWilliams 和 Siegel（2000）提出，企业社会责任与研发投入之间的关联性较强，因为两者都与产品和流程创新相联系。企业需要推进产品和流程的创新以提高能源效率、减少资源耗损（Bansal，2002），同时降低企业产品和服务对环境的负面影响，因此，企业社会责任也可看成是研发投入和产品创新的驱动因素（Gallego-Álvarez，et al.，2011）。Bansal（2005），Husted 和 Allen（2007）都强调了企业社会责任行为与创新战略之间的密切关系，他们认为，企业必须将企业社会责任原则运用于引导新产品开发、生产流程以及相关实践活动，而这些都涉及技术层面的变动以及研发相关的投入。

至此，战略管理相关研究指出，企业社会责任为企业创新提供了机遇和挑战，因为企业社会责任相关活动通过社会、环境以及可持续发展等方面的驱动力创造和提升新工艺、新产品、新服务、新流程以及新市场空间，从而强化企业创新（Gallego-Álvarez，et al.，2011）。MacGregor 和 Fontrodona（2008）以西班牙、意大利和英国为研究对象，分析了企业社会责任与创新之间的相互关系，他们发现，企业社会责任驱动创新的目标在于以社会、环境以及可持续发展等为导向提升产品和服务的性能，而创新驱动企业社会责任的目标在于在不违反社会、环境以及可持续发展等原则的基础上创造企业价值。

企业在追求创新的同时还应展现出良好的企业社会责任行为，

因为企业社会责任和创新都是企业获得竞争优势以及创造市场价值的重要基础（McWilliams & Siegel，2000；Porter & Kramer，2006）。Brown 和 Dacin（1997）认为，强烈的企业社会责任和企业创新能力能影响利益相关者对企业的感知和认同。而对于研发投入较少、创新能力较弱的企业，其企业社会责任行为并不一定能帮助企业获得道德资本，因为当创新能力较弱的企业仍然积极参与社会责任活动时，就缺乏某种务实性和合理性，利益相关者会怀疑该企业生产优质产品的能力，并且认为这是企业某种"不务正业""别有用心"的动机表现（Luo & Bhattacharya，2006；Suchman，1995）。在这种情况下，企业社会责任行为反而会被看成某种作秀工具或广告工具，从而产生负面形象和负面口碑等（Luo，2009；Varadarajan & Menon，1988）。以上分析表明，如果某一企业积极倡导企业社会责任行为，但与此同时并未将研发投入纳入企业战略目标，这样可能造成外界对该企业产品和服务的质疑与偏见。相反，同等情况下，研发投入较多的企业可以更有效地促进产品和流程创新，从而更好地发挥企业社会责任行为在创造商业价值、开发战略资源、规避市场风险等方面的作用。

（三）进一步讨论的问题

通过以上分析，我们初步认为研发投入可以增强企业社会责任的市场价值效应，然而，有些学者在将研发投入作为调节变量纳入研究模型后，却得出了不一致的实证结果（Hull & Rothenberg，2008）。这说明，企业社会责任与企业研发和创新投入的关系错综复杂（Costa, et al., 2015）。企业的资源有限，企业履行社会责任会耗费本应该用于提高股东经济利益的资源，在某种程度上，企业社会责任的履行是以牺牲研发投入为代价的。Hasseldine 等人（2005）也指出，"研发投入最终能否惠及企业的其他利益相关者群体"是一个充满质疑和争论的主题。因此，研发投入对企业社会责任的市场价值效应的影响有待进一步讨论。

一方面，对于持续创新的企业而言，只需履行最基本的企业社会责任以预防外部管制的消极影响。而对研发投入较少和创新力度较小的企业而言，则需要通过提高企业社会责任投入以实现差异化价值并促进财务绩效水平。只要企业产品质量尚可且稍微比竞争对手更具优势，企业社会责任就能为研发投入较少的企业带来显著的竞争优势（Mackey, et al., 2007; Siegel & Vitaliano, 2007）。Gallego-Álvarez 等人（2011）的研究表明，企业研发投入越多，企业可持续发展实践反而越少，即企业社会责任对企业创新存在消极影响。正如 McWilliams 和 Siegel（2000）所言，创新是提升企业绩效的一个重要驱动因素，而当企业创新被纳入企业社会责任与财务绩效的关系机制后，两者间的关系并不显著。

另一方面，虽然众多研究认为，研发投入对企业的新产品开发、业务流程重组、服务创新等方面能产生重要影响，且企业研发投入对于企业提升市场价值具有重要效应（Ettlie, 1998; Kor, 2006）。但研发投入通常具有投资周期长、投资回报不确定性高的特征，因此，作为一项特殊投资，企业研发投入往往容易沦为沉没成本（Patel & Chrisman, 2014）。正因如此，企业研发投入要求投资者具有风险承担意识和长期目标视野，而这让投资者不得不陷入权衡短期利益与长期目标的两难困境之中。这些企业社会责任行为也会受到不同利益相关者群体的重视，而企业股东可能意识到其股票价值会受到削减（Gallego-Álvarez, et al., 2011）。综上分析，本研究提出竞争性的假设7：

假设7a：对于有研发投入的企业，其企业社会责任与企业市场价值正相关。

假设7b：对于有研发投入的企业，其企业社会责任与企业市场价值负相关。

四、营销能力的调节效应

（一）资源基础理论与营销能力

资源基础理论将一个企业看成资源和能力的综合体，并将"能力"定义为企业对资源进行优化配置以达到企业的预期目标（Amit & Schoema-ker, 1993）。Day（1994）认为与营销职能相关的市场感知能力、顾客联结能力和渠道结合能力是市场驱动型组织的独特能力。而营销能力是企业将集体的知识、技能和资源运用于满足相关市场需求，并通过增加其产品和服务的价值来满足竞争需要的整合过程。相对而言，企业营销能力并不限于对营销资源的拥有，还须对企业资源进行高效的整合和转换以达到理想的营销结果，这不仅依赖企业以往的投资，还需要源源不断的投资和维护以形成某种路径依赖（Bharadwaj, et al., 1993）。目前，学术界并未就营销能力这一概念达成统一的定义，早期研究人员如 Möller 和 Anttila（1987）提出，营销能力是由企业内部与营销相关的市场资产、人力资本和组织资产构成的整合体。而 Dutta 等人（1999）、Xiong 和 Bharadwaj（2013）将"营销能力"定义为一个企业将营销资源转化为销售收入的效率。另外，也有研究认为，营销能力是一个整合性过程，即企业通过理解消费者复杂的特定需求，利用其有形和无形资源实现产品差异化，以达到获取卓越的品牌资产的目标（Song, et al., 2007; Song, et al., 2005）。

从以上定义可以看出，营销能力的内涵至少包含三层含义：首先，营销能力是企业将知识资源和其他有形或无形资源结合起来创造优异顾客价值的能力；其次，营销能力是识别顾客需求并与顾客建立良好关系的能力；最后，营销能力是企业差异化其产品和服务的能力，它使得企业能比其竞争对手更快地建立竞争优势（韩德昌、韩永强，2010; Weerawardena，2003）。

（二）企业社会责任与营销能力

本研究认为，营销能力能强化企业社会责任的市场价值效应。根据资源基础理论对营销能力的定义，营销能力是可以提高企业执行相关战略以改善企业绩效的能力；另外，营销能力可以抵御竞争对手的模仿和替代（Day，1994）。一方面，对于拥有较强营销能力、高效利用营销资源的企业而言，相对于竞争对手，它们可以针对投资者对企业社会责任行为的响应及其行为的变化迅速做出反应。市场知识和营销能力的积累能够帮助企业时刻把握供应与需求的动态变化，因此使得企业在某种程度上能预测企业社会责任行为对投资者的影响程度并迅速采取行动（Moorman & Day，2016）。有研究表明，投资者在评估企业价值时会考虑企业的营销能力（Bahadir，et al.，2008；Xiong & Bharadwaj，2013），营销能力可以进一步强化通过企业社会责任行为积累的信誉资本或道德资本，促成投资者与企业达成相互信任与合作共赢的关系，从而减少投资者对企业的感知风险，进而直接影响投资者增加对企业股票的持有量。

另一方面，我们已分析了广告投入和研发投入对企业社会责任的市场价值的影响。从广告投入来看，广告是一种与企业营销能力息息相关的营销沟通策略，企业通过广告可使企业社会责任行为变得更加透明而可靠，能减少投资者与企业产品及其企业社会责任相关行为之间的信息不对称的情况发生，即营销能力使企业的营销沟通（广告工具）变得更有效率，按照这一逻辑，营销能力可以更好地发挥企业社会责任对股东价值的积极效应（Luo & Donthu，2006）。从研发投入来看，Dutta 等人（1999）的研究表明，企业需要精于两件事：第一，要不断提高创新的能力，包括加大研发投入、提升研发能力；第二，还应具备将企业创新转化为商业化产品的能力。在某种程度上，有了研发投入和营销能力的结合，投资者更有可能将企业社会责任行为视为旨在改善社会福利的利他行为，而非某种"不务正业""别有用心"的动机表现，因此，这类企业的社会责任行为更能引起投资者的积极响应。所以，本研究提出假设8：

假设8：对于营销能力强的企业，其企业社会责任与企业市场价值正相关。

第二节　研究设计

一、数据来源与样本选择

本研究选取 2010—2013 年中国深沪 A 股市场的上市公司作为研究样本，并按照以下原则对原始样本进行筛选：①剔除经过 ST 或 *ST处理的公司；②剔除金融、保险业公司；③剔除同时发行 B 股或 H 股的公司；④剔除数据缺失的公司。为了控制极端值的影响，我们采用 Winsorization 方法对异常值进行处理，对所有小于 1% 分位数（大于 99% 分位数）的变量，令其值分别等于 1% 分位数（99% 分位数）。最终获得 6 487 例样本观测值。本研究中企业社会责任的相关数据来源于和讯网（http://www. hexun. com/，和讯网的评测体系数据来源于上海证券交易所和深圳证券交易所上市企业通过官网发布的社会责任报告及年报），其他变量的数据均来源于国泰安（CSMAR）数据库。

二、相关变量设定

（一）企业社会责任

企业社会责任的测量方式主要有五种：专业机构生成的数据、内容分析法、污染指数测量、以问卷为基础的感知测量、企业声誉指数（衣凤鹏、徐二明，2014）。专业机构生成的数据越来越受到学者的青睐，例如，Luo 和 Bhattacharya（2006）对企业社会责任的测量采用了《财富》杂志"美国最受尊敬公司排行榜"的相关数据。衣凤鹏和徐二明（2014）则采用了润灵环球（RKS）提供的企业社会责任评级数据。

（二）企业市场价值

营销学领域有两类测量企业层面市场价值的方式，即 *Tobin's Q*（Lee & Grewal，2004；Rao，et al.，2004）和股票回报（Aaker & Jacobson，2001）。*Tobin's Q* 被定义为企业资产的市场价值与资本重置成本的比率。国内外学者普遍认可 *Tobin's Q* 作为企业市场价值的重要评估指标，这主要缘于企业股票的市场价值是企业未来现金流量的折现值。*Tobin's Q* 是一个前瞻性的业绩指标，体现企业的未来价值和企业的成长性，*Tobin's Q* 值越大，代表企业未来的业绩会越好，意味着投资者预计企业将迅速成长，故更愿意投资该企业。另外，计算 *Tobin's Q* 值的数据来源于市场指标，因此，这些市场指标相对更为稳定和客观，且不易被企业控制人进行盈余操纵。鉴于股票回报主要反映企业的短期价值，本书重点关注投资者如何基于长期角度对企业定价。基于以上分析，本研究选择 *Tobin's Q* 作为企业市场价值的度量，借鉴了营销和财务相关研究（Lee & Grewal，2004；Luo & Bhattacharya，2006；Rao，et al.，2004）来计算每一年度的 *Tobin's Q* 值。本研究以两类测度方式（*tqa* 和 *tqb*）来反映 *Tobin's Q* 值，其中，*tqa* 表示企业市场价值与账面价值之比，其中企业市场价值等于流通股价值、非流通股价值与净债务值之和，账面价值为总资产；*tqb* 表示企业市场价值与账面价值之比，其中企业市场价值等于流通股价值、非流通股价值与净债务值之和，账面价值为扣除无形资产、商誉等的有形总资产。

（三）调节变量

本研究中选取的调节变量包括广告投入、研发投入和营销能力。其中，广告投入和研发投入为虚拟变量，若当年有广告投入或研发投入，取值为 1，否则取值为 0。另外，本研究还将考察不同产权属性下企业社会责任与市场竞争之间的关系，本研究将产权属性设置为虚拟变量（*state*），当企业为国有企业时取值为 1，否则取值为 0。

本研究中选取的调节变量包括广告投入、研发投入和营销能力。其中，广告投入和研发投入为虚拟变量，若当年有广告投入或研发投入，取值为 1，否则取值为 0。另外，本研究还将考察不同产权属性下企业社会责任与产品市场竞争之间的关系，本研究将产权属性设置为虚拟变量（*state*），当为国有企业时取值为 1，否则取值为 0。

鉴于营销能力是企业将营销资源优化配置而转化为销售收入或市场绩效的效率（Dutta, et al., 1999；Xiong & Bharadwaj, 2013），我们运用随机前沿模型 SFA 这一效率估计方法来测算营销能力。企业的主要营销目标就是通过满足现有和潜在顾客需求来提升销售量，另外，销售量的增加对于提升市场份额也至关重要，因此，本研究将销售收入作为输出指标（Dutta, et al., 1999；Slotegraaf, et al., 2003；Xiong & Bharadwaj, 2013）。销售收入这一营销目标的实现取决于营销相关资源的投入，比如促销活动、无形资源、广告宣传、技术基础以及顾客关系管理等（Dutta, et al., 1999；Xiong & Bharadwaj, 2013；Nath, et al., 2010）。我们选取营销支出、无形资源和顾客关系管理作为营销能力的输入资源，其中，营销支出通过销售费用来测量；无形资源反映了企业在构建品牌资产上的相关活动（Slotegraaf, et al., 2003），以无形资产作为测量指标，用以表示可以为企业带来溢价的品牌资产、知识产权、专利和商誉等；由于企业可以借助已有顾客基础，通过交叉销售和向上销售来扩大销售量，因此，我们以销售增长这一指标来测量顾客关系管理（Vorhies & Morgan, 2005），这表明通过有效营销策略可从以往顾客中获得溢出价值（见表 5-1）。在此基础上，构建出关于营销能力的随机前沿模型：销售收入 $=f$（营销支出，无形资源，顾客基础）。

表 5-1　营销能力的变量与测量指标

	变量	测量指标
资源	营销支出	销售费用
	无形资源	无形资产
	顾客基础	销售收入增长
营销目标	销售收入	营业额

（四）控制变量

综合以往企业市场价值研究的相关文献，本研究控制了现有研究认为对企业市场价值具有重要影响的变量。我们选取企业规模（*size*）、企业年龄（*age*）、财务杠杆（*lev*）、成长性（*growth*）、第一大股东持股比例（*top*1）、第一大股东持股比例平方（*top*1_*sq*）、资本支出（*capx*）、总资产利润率（*roa*）、银行借款（*debt*）、有形资产比重（*tang*）以及年度和行业等指标共同作为控制变量，主要变量及其定义如表5-2所示。

表5-2　主要变量及其定义

变量	含义	变量定义
tqa	*Tobin's Q*	以 *Tobin's Q* 来测量企业市场价值；*tqa* 表示企业市场价值与账面价值之比，其中企业市场价值等于流通股价值、非流通股价值与净债务值之和，账面价值为总资产
tqb	*Tobin's Q*	以 *Tobin's Q* 来测量企业市场价值；*tqb* 表示企业市场价值与账面价值之比，其中企业市场价值等于流通股价值、非流通股价值与净债务值之和，账面价值为扣除无形资产、商誉等的有形总资产
csr	企业社会责任	根据和讯网上市公司社会责任报告专业评测体系，企业社会责任由所得税占利润总额比和公益捐赠金额两部分构成，具体数据来源于上海证券交易所和深圳证券交易所上市企业通过官网发布的社会责任报告及年报

（续上表）

变量	含义	变量定义
ad	广告投入（虚拟变量）	若当年有广告投入，取值为 1，否则取值为 0
rd	研发投入（虚拟变量）	若当年有研发投入，取值为 1，否则取值为 0
mc	营销能力	根据营销能力的随机前沿模型：销售收入 = f（营销支出，无形资源，顾客基础）计算得出
size	企业规模	企业期末总资产取自然对数
age	企业年龄	当年减去注册年加 1 后，取自然对数
lev	财务杠杆	期末总负债与期末总资产之比
growth	成长性	主营业务收入增长率，等于当年营业收入减去上年营业收入后除以上年营业收入
state	产权属性	根据最终控制人性质，国有企业取值为 1，否则取值为 0
top1	第一大股东持股比例	第一大股东持股股份除以总股份
top1_sq	第一大股东持股比例平方	第一大股东持股比例取平方
capx	资本支出	现金流量表中等于构建固定资产、无形资产及其他长期资产所支付的现金除以期末总资产
roa	总资产利润率	当年净利润除以期末总资产
debt	银行借款	长期借款与短期借款之和除以期末总资产
tang	有形资产比重	期末固定资产与总资产之比

三、研究模型

本研究选择 *Tobin's Q* 作为企业市场价值的度量，根据前文假设 5，结合可能影响企业市场价值的变量，本研究使用模型进行回归。

$$Tobin's \ Q_{i,t} = \beta_0 + \beta_1 csr_{i,t-1} + \beta_2 size_{i,t} + \beta_3 lev_{i,t} + \beta_4 top1_{i,t} +$$
$$\beta_5 top1\_sq_{i,t} + \beta_6 growth_{i,t} + \beta_7 capx_{i,t} + \beta_8 roa_{i,t} + \beta_9 debt_{i,t} + \beta_{10} tang_{i,t} +$$
$$\sum yeardummy + \sum industrydummy + \varepsilon_{i,t} \ （模型 5-1）$$

其中，*Tobin's Q* 表示本研究的被解释变量（企业市场价值），*csr* 是解释变量，另外，研究中选取了企业规模（*size*）、财务杠杆（*lev*）、成长性（*growth*）、第一大股东持股比例（*top1*）、第一大股东持股比例平方（*top1_sq*）、资本支出（*capx*）、总资产利润率（*roa*）、银行借款（*debt*）、有形资产比重（*tang*）以及年度和行业等指标共同作为控制变量。

为了检验假设 6~8，本研究构建了如下回归模型（模型5-2~模型5-4）。对于假设 6，本研究首先将样本分为有广告投入和无广告投入两个子样本，通过研究模型 5-2 检验广告投入对企业社会责任的市场价值效应的影响。

$$Tobin's \ Q_{i,t} = \beta_0 + \beta_1 csr_{i,t-1} + \beta_2 ad_{i,t-1} + \beta_3 csr_{i,t-1} \times ad_{i,t-1} + \beta_4 size_{i,t} +$$
$$\beta_5 lev_{i,t} + \beta_6 top1_{i,t} + \beta_7 top1\_sq_{i,t} + \beta_8 growth_{i,t} + \beta_9 capx_{i,t} + \beta_{10} roa_{i,t} + \beta_{11}$$
$$debt_{i,t} + \beta_{12} tang_{i,t} + \sum yeardummy + \sum industrydummy + \varepsilon_{i,t} \ （模型 5-2）$$

同样，对于假设 7，本研究将样本划分为有研发投入和无研发投入两个子样本，使用模型 5－3 检验研发投入如何调节企业社会责任对市场价值效应的影响。

$$Tobin's\ Q_{i,t} = \beta_0 + \beta_1 csr_{i,t-1} + \beta_2 rd_{i,t-1} + \beta_3 csr_{i,t-1} \times rd_{i,t-1} + \beta_4 size_{i,t} +$$

$$\beta_5 lev_{i,t} + \beta_6 top1_{i,t} + \beta_7 top1\_sq_{i,t} + \beta_8 growth_{i,t} + \beta_9 capx_{i,t} + \beta_{10} roa_{i,t} + \beta_{11}$$

$$debt_{i,t} + \beta_{12} tang_{i,t} + \sum yeardummy + \sum industrydummy + \varepsilon_{i,t} \quad （模型 5－3）$$

对于假设 8，本研究进一步将样本划分为营销能力弱和营销能力强两个子样本，并使用模型 5－4 考察营销能力如何影响企业社会责任的市场价值效应。

$$Tobin's\ Q_{i,t} = \beta_0 + \beta_1 csr_{i,t-1} + \beta_2 mc_{i,t-1} + \beta_3 csr_{i,t-1} \times mc_{i,t-1} + \beta_4 size_{i,t} +$$

$$\beta_5 lev_{i,t} + \beta_6 top1_{i,t} + \beta_7 top1\_sq_{i,t} + \beta_8 growth_{i,t} + \beta_9 capx_{i,t} + \beta_{10} roa_{i,t} + \beta_{11}$$

$$debt_{i,t} + \beta_{12} tang_{i,t} + \sum yeardummy + \sum industrydummy + \varepsilon_{i,t} \quad （模型 5－4）$$

为了进一步考察不同产权属性下企业社会责任与企业产品市场价值之间的关系，本研究还构建了模型 5－5。

$$Tobin's\ Q_{i,t} = \beta_0 + \beta_1 csr_{i,t-1} + \beta_2 state_{i,t-1} + \beta_3 csr_{i,t-1} \times state_{i,t-1} +$$

$$\beta_4 size_{i,t} + \beta_5 lev_{i,t} + \beta_6 top1_{i,t} + \beta_7 top1\_sq_{i,t} + \beta_8 growth_{i,t} + \beta_9 capx_{i,t} + \beta_{10}$$

$$roa_{i,t} + \beta_{11} debt_{i,t} + \beta_{12} tang_{i,t} + \sum yeardummy + \sum industrydummy + \varepsilon_{i,t} \quad （模型 5－5）$$

第三节　实证分析

一、描述性统计与相关性分析

本研究中相关变量的描述性统计和相关性分析结果如表 5-3 和表 5-4 所示。从表 5-3 主要变量的描述性统计中可以看出，企业市场价值（*Tobin's Q*）的平均值和标准差分别为 1.793（*tqb* = 2.118）和 1.073（*tqb* = 1.420）。企业社会责任（*csr*）的平均值和标准差分别为 5.162 和 4.451，最大值和最小值分别为 23 和 -5，这表明，我国上市公司的企业社会责任存在较大差异。企业市场价值及其前因的描述性统计如表 5-3 所示。

表 5-3　企业市场价值及其前因的描述性统计

变量	观测数	平均值	标准差	最小值	下四分位数	中位数	上四分位数	最大值
tqa	6 487	1.793	1.073	0.711	1.181	1.446	1.959	7.527
tqb	6 487	2.118	1.420	0.650	1.281	1.695	2.390	10.98
csr	6 487	5.162	4.451	-5	2.530	4.440	7.400	23
*top*1	6 487	0.362	0.155	0.089 9	0.236	0.344	0.473	0.764
*top*1_*sq*	6 487	0.155	0.126	0.008 08	0.055 8	0.118	0.224	0.584

（续上表）

变量	观测数	平均值	标准差	最小值	下四分位数	中位数	上四分位数	最大值
size	6 487	21.89	1.289	18.72	20.96	21.71	22.62	22.63
lev	6 487	0.451	0.243	0.048 8	0.260	0.450	0.622	2.003
capx	6 487	0.105	0.115	6.49e −05	0.033 7	0.071 6	0.133	0.609
roa	6 487	0.047 6	0.066 8	− 0.417	0.017 6	0.043 7	0.077 5	0.258
debt	6 487	0.161	0.152	0	0.017 5	0.131	0.260	0.766
growth	6 487	0.205	0.584	− 0.748	−0.017 8	0.116	0.267	4.634
tang	6 487	0.230	0.169	0.002 46	0.098 0	0.196	0.330	0.765

　　在进行回归分析之前，本研究对研究模型 5 – 1 中的主要变量进行了 Pearson 相关系数分析，企业市场价值及其前因的相关系数如表 5 – 4 所示。从主要变量的相关系数来看，首先，*tqa* 与 *tqb* 之间密切相关，这是可以理解的。其次，企业社会责任（*csr*）与 Tobin's Q（*tqa* 和 *tqb*）的相关系数呈现出显著的负相关关系，有必要对两者关系做进一步系统分析和讨论。最后，从控制变量与 Tobin's Q（*tqa* 和 *tqb*）的相关系数来看，绝大部分变量间也呈现出较为显著的相关关系。而解释变量（*csr*）也与除银行借款（*debt*）之外的其他变量存在较为显著的相关关系。

表 5 - 4　企业市场价值及其前因的相关系数

变量	1	2	3	4	5	6	7	8	9	10	11	12
tqb	1.000 0											
tqa	0.902 6***	1.000 0										
csr	-0.082 3***	-0.102 2**	1.000 0									
top1	-0.176 1***	-0.125 3***	0.064 3***	1.000 0								
top1_sq	-0.165 0***	-0.119 5***	0.063 6***	0.975 4***	1.000 0							
size	-0.462 3***	-0.498 1***	0.232 7***	0.295 4***	0.308 6***	1.000 0						
lev	-0.074 1***	-0.171 9***	0.085 5**	0.030 7**	0.039 1**	0.403 5***	1.000 0					
capx	0.012 7	0.046 4***	-0.048 7***	-0.000 2	-0.003 5	-0.040 9***	-0.221 7***	1.000 0				
roa	0.113 7***	0.184 2***	0.121 7***	0.093 3***	0.091 8***	0.033 0**	-0.416 1***	0.161 4***	1.000 0			
debt	-0.212 6***	-0.282 4***	0.000 5	0.019 4	0.018 4	0.327 5***	0.663 0***	-0.127 2***	-0.368 7***	1.000 0		
growth	0.068 4***	0.117 7***	-0.051 1***	0.024 8**	0.031 0**	0.010 2	0.030 9**	0.015 3	0.180 4***	-0.000 7	1.000 0	
tang	-0.096 3***	-0.136 9***	-0.190 2***	0.045 9***	0.042 0**	0.124 5***	0.141 8**	0.004 6***	-0.190 5***	0.311 4***	-0.061 4***	1.000 0

注：**$p<0.05$，***$p<0.01$。

二、回归分析结果

表5-5中分析了企业社会责任与企业市场价值之间的关系。从表5-5的数据结果中得出，在控制了企业规模（size）、财务杠杆（lev）、成长性（growth）、产权属性（state）、第一大股东持股比例（top1）、第一大股东持股比例平方（top1_sq）、资本支出（capx）、总资产利润率（roa）、银行借款（debt）、有形资产比重（tang）以及年度和行业等因素后，企业社会责任（csr）对企业市场价值（tqa和tqb）的回归系数不显著，其中，β（tqa）= 0.000 696（$p > 0.1$），β（tqb）= 0.000 142（$p > 0.1$）。通过以上数据分析，我们认为，企业社会责任与企业市场价值之间的关系尚未明确，两者关系缺乏有力证据的支持。因此，我们首先从产权属性角度出发，考察不同产权属性下企业社会责任与企业市场价值之间的关系。其次，我们进一步基于营销战略视角，考察营销战略（广告投入、研发投入和营销能力）如何影响企业社会责任的市场价值效应。本研究将产权属性设置为虚拟变量（state），当企业为国有企业时取值为1，否则取值为0。研究发现，模型（2）和模型（4）中产权属性与企业社会责任的交互项（state × csr）系数 β（tqa）= -0.005 59（$p > 0.1$），β（tqb）= -0.005 09（$p > 0.1$），这表明，对于国有企业而言，企业社会责任与企业市场价值负相关，即国有企业的社会责任难以提高企业的市场价值效应，相反，对于民营企业而言，企业社会责任在一定程度上可以提高企业的市场价值效应。

表5-5 企业社会责任与企业市场价值的关系①

	模型（1）*tqa*	模型（2）*tqa*	模型（3）*tqb*	模型（4）*tqb*
csr	0.000 696	0.002 53	0.000 142	0.001 80
	(0.22)	(0.98)	(0.04)	(0.44)
*top*1	−2.121***	−2.275***	−1.729***	−1.639***
	(−5.76)	(−5.93)	(−3.80)	(−3.37)
*top*1_*sq*	2.293***	2.471***	2.356***	2.258***
	(5.22)	(5.46)	(4.37)	(3.95)
size	−0.450***	−0.466***	−0.622***	−0.613***
	(−18.36)	(−16.70)	(−12.70)	(−13.43)
lev	1.761***	1.701***	1.873***	1.923***
	(10.29)	(9.25)	(5.50)	(5.71)
capx	−0.050 2	−0.000 587	0.127	0.077 2
	(−0.44)	(−0.01)	(0.83)	(0.48)
roa	3.336***	3.413***	4.994***	4.908***
	(11.11)	(11.94)	(13.42)	(12.15)
debt	−1.446***	−1.391***	−1.797***	−1.838***
	(−11.11)	(−10.51)	(−6.23)	(−6.18)
growth	0.044 3	0.048 7	0.166**	0.162**
	(1.20)	(1.29)	(2.70)	(2.70)
tang	−0.031 1	−0.084 8	−0.283	−0.262
	(−0.15)	(−0.38)	(−1.05)	(−0.99)
state		0.150**		−0.031 4
		(2.71)		(−0.37)

① 模型（1）~模型（2）分别表示控制变量以及控制变量＋自变量与 *tqa* 的回归模型；模型（3）~模型（4）分别表示控制变量以及控制变量＋自变量与 *tqb* 的回归模型。

（续上表）

	模型（1）*tqa*	模型（2）*tqa*	模型（3）*tqb*	模型（4）*tqb*
state × csr		− 0. 005 59		− 0. 005 09
		（ − 1. 17）		（ − 0. 71）
_cons	11. 44 ***	11. 78 ***	15. 22 ***	15. 04 ***
	（19. 65）	（17. 44）	（14. 01）	（14. 65）
N	6 615	6 487	6 615	6 487
行业	控制	控制	控制	控制
年度	控制	控制	控制	控制
F Value	55. 57	53. 19	70. 38	63. 20
R^2	0. 337	0. 343	0. 384	0. 383

注：表中数据为各自变量的回归系数，括号内为经过企业与年度两维度 cluster 修正后的稳健性 *t* 值；$** p < 0.05$，$*** p < 0.01$。

表 5 - 6 的回归结果显示了广告投入如何影响企业社会责任的市场价值效应。首先，我们将样本分为有广告投入和无广告投入两个子样本。从表5 - 6 的回归分析数据结果得出在模型（2）和模型（4）（有广告投入样本组）中，企业社会责任（*csr*）的回归系数边际显著为正（$\beta = 0.006\ 91$，*t* 值为 1. 78，$p > 0.1$；$\beta = 0.007\ 53$，*t* 值为 1. 31，$p > 0.1$），而在模型（1）和模型（3）（无广告投入样本组）中，企业社会责任（*csr*）的回归系数为负（$\beta = -0.003\ 42$，$p > 0.1$；$\beta = -0.005\ 95$，$p > 0.1$）。这说明，广告投入在企业社会责任与企业市场价值之间产生了正向调节作用，即广告投入在一定程

度上能促进企业社会责任的市场价值效应。另外，我们进一步考察了产权属性与企业社会责任（$state \times csr$）在不同广告投入条件下的交互效应。在有广告投入的条件下，产权属性与企业社会责任（$state \times csr$）的交互项系数为负，反之为正。因此，我们得出，对于国有企业而言，在无广告投入的情况下，企业社会责任的市场价值效应反而越高。

表 5–6　广告投入、企业社会责任与企业市场价值的关系

	模型（1）tqa 无广告投入	模型（2）tqa 有广告投入	模型（3）tqb 无广告投入	模型（4）tqb 有广告投入
csr	$-0.003\,42$ (-0.79)	$0.006\,91$ (1.78)	$-0.005\,95$ (-0.82)	$0.007\,53$ (1.31)
$state$	0.134^{*} (2.50)	0.151^{**} (2.77)	$-0.048\,9$ (-0.54)	$-0.021\,3$ (-0.31)
$state \times csr$	$0.001\,30$ (0.21)	$-0.009\,07^{*}$ (-2.18)	$0.001\,88$ (0.19)	$-0.008\,81$ (-1.86)
$top1$	-2.041^{***} (-3.78)	-2.456^{***} (-3.53)	-1.668^{*} (-2.33)	-1.455 (-1.79)
$top1\_sq$	2.168^{***} (3.70)	2.726^{**} (3.21)	2.286^{**} (2.91)	2.022^{*} (1.99)
$size$	-0.473^{***} (-12.27)	-0.453^{***} (-14.38)	-0.639^{***} (-11.72)	-0.559^{***} (-11.74)
lev	1.768^{***} (8.49)	1.501^{***} (9.06)	2.214^{***} (5.90)	1.303^{***} (7.37)

（续上表）

	模型（1）*tqa* 无广告投入	模型（2）*tqa* 有广告投入	模型（3）*tqb* 无广告投入	模型（4）*tqb* 有广告投入
capx	− 0.053 0 （− 0.30）	0.030 4 （0.24）	− 0.039 8 （− 0.14）	0.107 （0.65）
roa	2.758 *** （8.29）	4.340 *** （7.69）	4.215 *** （7.73）	5.987 *** （9.40）
debt	− 1.607 *** （− 7.89）	− 0.960 *** （− 6.15）	− 2.216 *** （− 6.19）	− 1.074 *** （− 4.67）
growth	0.106 * （2.17）	− 0.024 8 （− 1.01）	0.245 *** （3.61）	0.051 1 （1.28）
tang	0.055 5 （0.26）	− 0.288 （− 1.17）	− 0.108 （− 0.43）	− 0.507 （− 1.51）
_cons	11.97 *** （13.17）	11.47 *** （16.23）	15.64 *** （12.17）	13.91 *** （13.87）
N	3 458	3 029	3 458	3 029
行业	控制	控制	控制	控制
年度	控制	控制	控制	控制
F Value	29.14	30.53	31.84	42.40
R^2	0.365	0.344	0.391	0.408

注：表中数据为各自变量的回归系数，括号内为经过企业与年度两维度 cluster 修正后的稳健性 t 值；$* p < 0.1$，$* * p < 0.05$，$* * * p < 0.01$。

表 5-7 的数据结果揭示了研发投入如何影响企业社会责任的企业市场价值效应。与上文一致，首先，我们将样本分为有研发投入和无研发投入两个子样本。从表 5-7 的回归分析数据结果得出在模型（2）和模型（4）（有研发投入样本组）中，企业社会责任（csr）的回归系数显著为正（$\beta = 0.0121$，$p < 0.01$；$\beta = 0.0103$，$p < 0.1$），而在模型（1）和模型（3）（无研发投入样本组）中，企业社会责任（csr）的回归系数为负（$\beta = -0.00981$，$p > 0.1$；$\beta = -0.00857$，$p > 0.1$）。这说明，研发投入对企业社会责任与企业市场价值的关系起了正向调节效应，即研发投入能有效发挥企业社会责任的市场价值效应。另外，我们也考察了产权属性与企业社会责任（$state \times csr$）在不同研发投入条件下的交互效应。在无研发投入的条件下，产权属性与企业社会责任（$state \times csr$）的交互项系数显著为正（$\beta = 0.00874$，$p < 0.1$；$\beta = 0.0156$，$p < 0.05$），反之为负。因此，我们同样得出，对于国有企业而言，在无研发投入的情况下，企业社会责任的市场价值效应反而越高。

表 5-7　研发投入、企业社会责任与企业市场价值的关系

	模型（1）tqa 无研发投入	模型（2）tqa 有研发投入	模型（3）tqb 无研发投入	模型（4）tqb 有研发投入
csr	−0.00981 (−1.63)	0.0121*** (6.05)	−0.00857 (−1.73)	0.0103* (2.07)
$state$	−0.144* (−2.33)	0.204*** (5.44)	−0.308** (−3.18)	0.0707 (1.01)

（续上表）

	模型（1）*tqa* 无研发投入	模型（2）*tqa* 有研发投入	模型（3）*tqb* 无研发投入	模型（4）*tqb* 有研发投入
state × *csr*	0.008 74*	−0.003 72	0.015 6**	−0.012 0
	(2.26)	(−0.71)	(2.65)	(−1.75)
*top*1	−2.672***	−1.831***	−1.825*	−1.483**
	(−4.29)	(−4.36)	(−2.07)	(−3.12)
*top*1_*sq*	2.623***	2.122***	1.867	2.370***
	(3.51)	(4.37)	(1.84)	(4.12)
size	−0.575***	−0.393***	−0.741***	−0.517***
	(−8.79)	(−12.95)	(−9.19)	(−12.05)
lev	1.388***	1.458***	2.007***	1.304**
	(7.31)	(4.59)	(5.18)	(3.24)
capx	−0.510	0.205	−0.649	0.325*
	(−1.71)	(1.61)	(−1.42)	(2.03)
roa	1.268	4.336***	2.729**	5.796***
	(1.67)	(12.28)	(3.20)	(14.11)
debt	−1.385***	−1.028***	−1.930***	−1.206**
	(−9.44)	(−3.68)	(−9.16)	(−2.76)
growth	0.083 2	−0.066 6	0.161**	0.081 8
	(1.87)	(−1.40)	(2.70)	(1.08)
tang	−0.137	−0.131	−0.151	−0.396
	(−0.69)	(−0.57)	(−0.55)	(−1.64)
_*cons*	14.53***	10.07***	17.93***	12.99***
	(10.15)	(15.52)	(10.04)	(13.48)

（续上表）

	模型（1）*tqa* 无研发投入	模型（2）*tqa* 有研发投入	模型（3）*tqb* 无研发投入	模型（4）*tqb* 有研发投入
N	1 739	4 748	1 739	4 748
行业	控制	控制	控制	控制
年度	控制	控制	控制	控制
F Value	28.79	37.93	32.51	53.05
R^2	0.545	0.268	0.529	0.331

注：表中数据为各自变量的回归系数，括号内为经过企业与年度两维度 cluster 修正后的稳健性 t 值；$*p < 0.1$，$**p < 0.05$，$***p < 0.01$。

表 5-8 的数据结果揭示了营销能力如何影响企业社会责任的市场价值效应。按照以上分析逻辑，我们首先将样本分为营销能力强和营销能力弱两个子样本。通过对比模型（3）和模型（4），我们发现，在模型（3）（营销能力强样本组）中，企业社会责任（*csr*）的回归系数边际显著为正（$\beta = 0.005\ 00$，t 值为 1.94，$p > 0.1$），而在模型（4）（营销能力弱样本组）中，企业社会责任（*csr*）的回归系数为负（$\beta = -0.008\ 26$，$p < 0.1$）。另外，我们还进一步对比了模型（1）和模型（2）。在模型（1）（营销能力强样本组）中，企业社会责任（*csr*）的回归系数显著为正（$\beta = 0.008\ 75$，$p < 0.01$），而在模型（2）（营销能力弱样本组）中，企业社会责任（*csr*）的回归系数显著为负（$\beta = -0.007\ 17$，$p < 0.1$）。综上分析，我们发现，营销能力对企业社会责任与企业市场价值的关系起了正向调节效应，

即营销能力能有效发挥企业社会责任的市场价值效应。我们也考察了产权属性与企业社会责任（*state* × *csr*）在不同营销能力条件下的交互效应，对于国有企业而言，营销能力越强，企业社会责任的市场价值效应就越高。

表5-8 营销能力、企业社会责任与企业市场价值的关系

	模型（1）*tqa* 营销能力强	模型（2）*tqa* 营销能力弱	模型（3）*tqb* 营销能力强	模型（4）*tqb* 营销能力弱
csr	0.008 75 ***	− 0.007 17 *	0.005 00	− 0.008 26
	(4.19)	(− 2.22)	(1.94)	(− 1.29)
state	0.090 3 *	0.185 *	− 0.040 4	0.018 2
	(2.56)	(2.07)	(− 0.64)	(0.18)
state × *csr*	− 0.009 45 ***	− 0.003 56	− 0.012 6 ***	− 0.000 505
	(− 4.04)	(− 0.46)	(− 4.43)	(− 0.05)
*top*1	− 0.422	− 2.428 ***	0.433	− 1.777 *
	(− 1.18)	(− 3.94)	(0.94)	(− 2.21)
*top*1_*sq*	0.330	2.794 ***	− 0.325	2.649 **
	(0.74)	(3.33)	(− 0.57)	(2.64)
size	− 0.213 ***	− 0.703 ***	− 0.263 ***	− 0.923 ***
	(− 7.43)	(− 18.47)	(− 6.11)	(− 21.95)
lev	0.455 ***	1.439 ***	0.085 0	1.750 ***
	(4.45)	(8.05)	(0.59)	(5.57)
capx	0.094 1	0.136	0.233 *	0.314
	(0.88)	(0.73)	(2.18)	(1.04)

（续上表）

	模型（1）*tqa* 营销能力强	模型（2）*tqa* 营销能力弱	模型（3）*tqb* 营销能力强	模型（4）*tqb* 营销能力弱
roa	6. 388***	2. 082***	7. 932***	3. 402***
	(9. 14)	(6. 29)	(10. 48)	(5. 40)
debt	− 0. 186	− 0. 961***	− 0. 080 0	− 1. 409***
	(− 0. 87)	(− 4. 72)	(− 0. 29)	(− 6. 11)
growth	− 0. 049 1*	0. 001 53	0. 059 2	0. 077 3**
	(− 2. 30)	(0. 04)	(1. 01)	(3. 16)
tang	− 0. 494	− 0. 044 7	− 0. 675*	− 0. 098 5
	(− 1. 86)	(− 0. 32)	(− 2. 42)	(− 0. 45)
_cons	6. 493***	16. 86***	7. 676***	21. 46***
	(9. 08)	(21. 72)	(7. 48)	(24. 24)
N	2 806	2 757	2 806	2 756
行业	控制	控制	控制	控制
年度	控制	控制	控制	控制
F Value	35. 22	48. 26	41. 40	34. 56
R^2	0. 391	0. 400	0. 447	0. 427

注：表中数据为各自变量的回归系数，括号内为经过企业与年度两维度 cluster 修正后的稳健性 t 值；$*p < 0.1$，$**p < 0.05$，$***p < 0.01$。

本章小结

本章旨在探讨企业社会责任对企业市场价值的影响效应，并进一步讨论广告投入、研发投入以及营销能力这三类营销战略对企业社会责任的市场价值效应的影响。本章共分四个部分，分别为研究假设、研究设计、实证分析以及小结。在提出企业社会责任与企业市场价值的关系假设以及广告投入、研发投入、营销能力与企业社会责任和企业市场价值的关系假设后，选取 2010—2013 年中国深沪A 股市场的上市公司作为研究样本，对研究模型进行了实证检验。研究表明企业社会责任并不能直接影响企业市场价值，对于国有企业而言，企业社会责任与企业市场价值负相关，即国有企业的社会责任难以提高企业的市场价值效应；相反，对于民营企业而言，企业社会责任在一定程度上可以提高企业的市场价值效应。广告投入在企业社会责任与企业市场价值之间产生了正向调节作用；研发投入对企业社会责任与企业市场价值的关系起了正向调节作用，即研发投入能有效发挥企业社会责任的市场价值效应；营销能力对企业社会责任与企业市场价值的关系起了正向调节作用，即企业的营销能力越强，企业社会责任的市场价值效应就越高。

第六章　研究结论与启示

第一节　主要研究结论

企业社会责任能否且如何为企业创造价值？有些企业为何在履行企业社会责任过程中能获得市场竞争优势并带来价值增值，而对有些企业来说，企业社会责任却沦为耗费企业资源和增加企业成本的经济负担？换句话说，企业社会责任为何对不同企业会带来差异化的市场竞争效应和市场价值效应？针对这些问题，本书基于产品市场和资本市场双重视角剖析了企业社会责任的市场竞争效应和市场价值效应，并且进一步考察了营销战略（广告投入、研发投入和营销能力）如何影响企业社会责任的市场竞争效应和市场价值效应。

一、企业社会责任能否为企业创造价值

首先，基于产品市场的实证检验，我们发现，企业社会责任能

够显著提高企业在行业中的相对产品市场增长，即企业社会责任能够发挥其在产品市场竞争中的战略作用。我们还进一步考察了不同产权属性下企业社会责任与产品市场竞争之间的关系。我们发现，产权属性对企业社会责任与企业未来产品市场增长之间的关系起了负向调节作用，这说明，对于国有企业而言，企业社会责任与行业相对产品市场增长负相关，即国有企业的社会责任行为并未提高企业的市场竞争效应，相反，对于民营企业而言，企业社会责任行为能够发挥其在产品市场竞争中的战略效应。

其次，基于资本市场的实证检验，我们发现，企业社会责任与企业市场价值的关系不显著，这一结论表明，企业社会责任并不能直接影响企业市场价值，从某种程度上看，企业的资源有限，企业履行社会责任就会耗费本该用于提高股东经济利益的资源。这也说明了企业社会责任与企业市场价值之间的关系尚未明确，两者的关系缺乏有力证据的支持。另外，我们也从产权属性角度考察了不同产权属性下企业社会责任与企业市场价值之间的关系。对于国有企业而言，企业社会责任与企业市场价值负相关，即国有企业的社会责任难以提高企业的市场价值效应，相反，对于民营企业而言，企业社会责任在一定程度上可以强化企业的市场价值效应。

二、企业社会责任如何为企业创造价值

我们在前文探讨了"企业社会责任能否为企业创造价值"这一

问题，而针对"企业社会责任如何为企业创造价值"这一问题，我们进一步从营销战略这一视角，探讨广告投入、研发投入和营销能力如何影响企业社会责任的市场竞争效应和市场价值效应。

首先，从产品市场的竞争效应来看，广告投入在企业社会责任与企业未来产品市场增长之间产生显著的正向调节作用，这表明，广告投入能更好地发挥企业社会责任在产品市场竞争中的战略效应。而对于研发投入来说，企业社会责任与企业未来产品市场增长之间的关系受其负向调节的影响，这说明，研发投入并不能发挥企业社会责任在产品市场竞争中的战略效应，反而挤出了企业社会责任的市场竞争效应。我们还证实，营销能力在企业社会责任与企业未来产品市场增长之间能起到显著的正向调节作用，这表明，营销能力能更好地促进企业社会责任在产品市场竞争中的战略效应，即营销能力越强，企业社会责任对企业市场竞争的正向影响效应就越强烈。

其次，从资本市场的价值效应来看，企业社会责任并不能直接影响企业市场价值，企业社会责任在广告投入、研发投入以及营销能力等变量的调节下能正向影响企业的市场价值效应。具体来说，广告投入在企业社会责任与企业市场价值之间产生了正向调节作用，即广告投入在一定程度上能促进企业社会责任的市场价值效应。对于研发投入来说，其对企业社会责任与企业市场价值的关系起了正向调节作用，即研发投入能有效发挥企业社会责任的市场价值效应。我们也证实了营销能力对企业社会责任与企业市场价值关系的正向调节作用，即营销能力能有效发挥企业社会责任的市场价值效应。

此外，我们还得出，相对于国有企业，民营企业中的营销战略（广告投入、研发投入和营销能力）能更有效地发挥出企业社会责任的市场价值效应。

第二节　理论与管理启示

一、理论启示

第一，本书有助于从产品市场和资本市场双重角度拓展和深化有关企业社会责任的理论研究。现有文献对企业社会责任影响企业绩效的理论与实证研究还不够深入，尚未得出一致的结论。多数研究从资本市场角度考察企业社会责任对企业绩效的影响，如股东价值（Mishra & Modi，2016）、企业非系统风险（Luo & Bhattacharya，2009）、企业市场价值（Hawn & Ioannou，2016；Kang，et al.，2016），仅极少数研究从产品市场角度考察企业社会责任的战略效应，尤其是实证检验企业社会责任的市场竞争效应，更没有文献基于产品市场和资本市场的双重角度实证检验企业社会责任的市场竞争效应和市场价值效应，而这正是本书关注的重点所在。因此，本书从产品市场和资本市场双重角度拓展和深化了有关企业社会责任的相关研究，为学术界探索企业社会责任的价值创造机制提供更加全面、系统的研究视角。

第二，本书的研究结论进一步丰富了利益相关者理论的研究成果。根据利益相关者理论，企业的主要利益相关者包括消费者、投资者（股东）、企业员工、供应商、社会公众以及政府或监管部门等，然而，以往关于企业社会责任影响效应的研究主要局限于对单一利益相关者的分析。例如，组织战略和财务相关研究主要聚焦投资者对企业社会责任的响应，而营销学相关研究视角则集中于消费者对企业社会责任的响应。本书的分析视角实现了从单一利益相关者的分析层面转向双重利益相关者的分析层面，还从消费者（代表产品市场）和投资者（代表资本市场）的双重角度初步破解了以往有关企业社会责任与企业价值创造的关系谜题，即企业社会责任能够发挥其在产品市场竞争中的战略效应，却难以直接提升企业的市场价值。

第三，对于"企业社会责任难以直接提升企业的市场价值"这一结论，我们从两个方面加以论证。一方面，国内企业缘于"行善不求闻名"的传统理念，企业社会责任、企业业务和战略目标在某种程度上是分离的，并且企业社会责任的形式化倾向较为明显，很大程度上将企业社会责任行为当作作秀工具，或成为企业应对责任危机的"灭火"工具，故企业社会责任最终演化为企业的一种经济负担（陶文杰、金占明，2013）。另外，虽然企业社会责任行为也会受到不同利益相关者群体的重视，但企业股东或投资者可能意识到其股票价值会因此被削减（Gallego-Álvarez, et al., 2011），所以，企业社会责任并不能提高企业的长期股票财富（Luo & Bhattacharya,

2009)。另一方面，由于政府和社会公众在国有企业众多的利益相关者中扮演着极为重要的角色，国有企业的特殊性质从某种程度上决定了其履行企业社会责任的非经济目标（黄速建、余菁，2006）。通过对国有企业和民营企业的企业社会责任效应的对比，我们发现，对于国有企业而言，企业社会责任与企业市场价值负相关，而对民营企业而言，企业社会责任在一定程度上可以强化企业的市场价值效应，这表明，以国有企业为代表的企业社会责任具有明显的政企纽带效应，用以构建、维护和巩固政治关联，成为获取政府支持、提升高管政治仕途的重要途径（张建君，2013；张敏等，2013），从而使得企业社会责任的价值增值作用大打折扣。

第四，本书有助于从营销战略视角揭示企业社会责任价值创造的实现路径和边界机制。目前有关企业社会责任的研究主要从企业自身特点（Brammer & Millington，2004；Hull & Rothenberg，2008；Luo & Bhattacharya，2009；Wang & Qian，2011）、市场环境（Wang, et al.，2008；Lin, et al.，2017）、行业特点（Chiu & Sharfman，2011）等方面分析企业社会责任影响企业绩效的边界机制。但较少围绕战略互动视角特别是市场战略（营销战略）与非市场战略（企业社会责任）互动对企业绩效的影响展开研究。因此，本书结合广告投入、研发投入以及营销能力这三个方面考察营销战略如何影响企业社会责任的市场竞争效应和市场价值效应，不仅进一步揭示出企业社会责任价值创造的实现路径和边界机制，而且对于丰富和突破以"营销—金融对接"为主线的研究方向具有重要意义。

第五，本书的研究结论为资源基础理论提供了实证检验证据，即企业产品市场竞争优势的获取与市场价值的增值归因于企业内部能力和战略（广告投入、研发投入和营销能力）与企业外部行动（企业社会责任）的相互配合和战略协同，这进一步拓展了资源基础理论的应用情境和边界。另外，研究结论也印证了战略性企业社会责任的观点，即企业社会责任应融入企业战略、资源、流程、商业主张及与利益相关者互动等层面，进而可为企业和社会创造双赢价值。本书的研究结论表明，企业社会责任对不同企业会带来差异化的市场竞争效应和市场价值效应，这种差异化效应缘于企业内部所掌握的资源、能力和战略的差异。具体而言，一方面，广告投入、研发投入和营销能力强化了企业社会责任的市场竞争效应；另一方面，广告投入、研发投入和营销能力进一步提升了企业社会责任的市场价值。根据以上结论，企业可以促进内部营销战略与外部企业社会责任行为的配置和组合，发挥企业社会责任与广告投入、研发投入以及营销能力的互补作用和协同效应，提升企业社会责任的市场竞争效应和市场价值效应。根据资源基础理论和战略性企业社会责任的观点，我们认为，企业社会责任的价值创造效应是企业社会责任与企业内部各种资源、能力和战略整合以及优化配置的结果。

首先，从广告投入的效应来看，广告更好地发挥了企业社会责任的市场竞争效应和市场价值效应。广告充当了企业社会责任与消费者和投资者响应的信息传导机制，可以强化企业的信息环境和信息强度，加深消费者和投资者对企业、产品以及企业社会责任的了解，减少消费者、投资者与企业产品和品牌以及企业社会责任相关行为之间的信息不对称，并且能更好地促进企业获得差异化竞争优势，故广告投入能增强企业社会责任的市场竞争效应和市场价值效应。此外，广告投入为投资者了解企业未来股票价值以及企业社会责任提供了信息渠道，而企业社会责任可使企业相关行为和企业未来股票价值变得更加透明。

其次，从研发投入的效应来看，研发投入挤出了企业社会责任的市场竞争效应，而强化了企业社会责任的市场价值效应。研发投入对企业来说是一项长期的投资回报行为，较难被一般利益相关者所关注到。对于这种差异化效应，我们认为，虽然消费者容易被某种"轰动效应"吸引而难以关注企业潜移默化的研发投资，但投资者对企业未来股票价值的判断是基于长期目标视野和对企业的深入了解而形成的。此外，从产品市场角度考虑，研发投入使得企业具备更强的能力去创新和开发产品以满足不断变化着的消费者需求，有效地促进产品和流程创新，发挥企业社会责任在创造商业价值、开发战略资源、规避市场风险等方面的作用。对于持续创新的企业而言，企业只需履行最基本的企业社会责任以预防外部管制的消极影响；而对研发投入和创新力度较小的企业而言，则需要通过提高企业社会责任投入以实现差异化价值并提高财务绩效水平。只要企业产品质量尚可并且稍微比竞争对手更具优势，企业社会责任便能为研发投入较低的企业带来显著的竞争优势。从资本市场角度考虑，对于研发投入较少、创新能力较弱的企业，其企业社会责任行为并不一定能帮助企业获得道德资本，因为当创新能力较弱的企业仍然积极参与社会责任活动时，就缺乏某种务实性和合理性，即投资者或股东会怀疑该企业生产优质产品的能力，并且认为这是企业某种"不务正业""别有用心"的动机表现。

最后，从营销能力的效应来看，营销能力强化了企业社会责任的市场竞争效应和市场价值效应。当行业面临潜在的市场需求或良好的投资机会时，履行企业社会责任更加积极且营销能力更强的企业，不仅可以获得相对行业竞争对手更好的投资机会，而且能迅速地满足消费者需求和把握潜在的市场机会，迅速扩大其在行业中的相对市场份额。营销能力也可以进一步强化由企业社会责任行为积累的信誉资本或道德资本，促成投资者与企业达成相互信任与合作共赢的关系，进而直接影响投资者对企业股票的增持。此外，营销能力使企业的营销沟通（广告工具）变得更有效率，并且有利于企业更好地将研发投入和创新转化为符合市场需求的商业化产品。因此，本书的研究为资源基础理论提供了实证检验证据，即企业内部能力和战略（广告投入、研发投入和营销能力）与企业外部行为（企业社会责任）的相互配合和战略协同能够促进企业市场竞争优势的获取以及企业市场价值的提升。

二、管理启示

澄清"企业社会责任与企业价值创造关系之谜"，有利于企业管理者优化和明确企业社会责任的战略方向，从而进一步提升企业的市场竞争力，为股东创造价值。一直以来，不少企业认为承担企业社会责任必然以牺牲自身利益为代价，将企业利润与企业社会责任完全对立起来，也因此，企业社会责任在很大程度上沦为"作秀"工具或"灭火"工具，企业社会责任演化为制约企业发展的"沉重"经济负担（陶文杰、金占明，2013）。企业管理者应该从战略层面来审视企业社会责任，根据自身特点"量体裁衣"式地构建符合本企业实际的战略性企业社会责任体系，从企业的战略目标出发，将企业社会责任内化为企业自身战略目标的有机组成部分，企业社会责任应融入企业战略、资源、流程、商业模式及与利益相关者互动等层面。因此，本书的研究有助于从理论上澄清"企业社会责任与企业绩效关系之谜"，为企业管理者优化和明确企业社会责任的战略方向提供理论依据和决策参考。

具体而言，我们至少可以得到以下几方面的管理启示。

首先，尽管本书并未从资本市场角度获得足够证据以揭示企业社会责任与企业市场价值的直接关系，但从产品市场角度揭示了企业社会责任行为能够发挥其在产品市场竞争中的战略效应，这印证了战略性企业社会责任的观点，说明企业社会责任不仅维系着企业的形象和地位，而且关乎企业竞争优势的获取。企业应该从战略层面来理解和认识企业社会责任，不仅要主动承担社会责任，还应依照自身特点"量体裁衣"式地构建符合本企业实际的战略性企业社会责任体系。从企业的战略目标出发，将企业社会责任内化为企业自身战略目标的有机组成部分，并且将企业的经营发展理念由以往单一的追求经济目标转为追求多维的利益相关者群体的目标体系，将消费者、供应商、投资者、社区以及环境等各个要素都容纳进来，时刻关注利益相关者群体，并与企业的决策战略制定和决策执行相整合，由此企业就可以通过履行企业社会责任强化市场竞争优势，从而实现企业长期利益的最大化，最终实现企业与社会的双赢和可持续发展。

其次，本书揭示了不同产权属性下企业社会责任与产品市场竞争、企业市场价值之间的关系。相对于国有企业，民营企业这一类型的企业其社会责任在一定程度上更加有利于市场竞争优势的获取和企业市场价值的增值。政府和社会公众在国有企业众多的利益相关者中扮演着极为重要的角色，国有企业的特殊性质从某种程度上决定了其履行企业社会责任的非经济目标（黄速建、余菁，2006）。如果不考虑纯粹的道德伦理要求，国有企业承担企业社会责任与其担负的政治和公共功能密不可分，也就是说，国有企业通过履行企业社会责任向政府传达了一种忠于人民、忠于党、敢于担当责任的决心和力量（苏蕊芯、仲伟周，2011）。当然，以国有企业为代表的企业社会责任行为也具有明显的政企纽带效应，用以构建、维护和巩固政治关联，成为获取政府支持等的重要途径（张建君，2013；张敏等，2013）。然而，不同于国有企业，民营企业履行企业社会责任的主要目标是追求经济利润的最大化，并提升企业自身的市场竞争效应和价值。尤其对外资企业而言，积极履行企业社会责任是获取合法经营并将其企业融入中国本土商业、社会环境的有效渠道，可以更好地得到本地社区的理解、认可和尊重。

在分析企业社会责任的市场竞争效应和市场价值效应的基础上，本书进一步揭示了营销战略作为企业社会责任与企业价值创造之间关系的调节机制。以往研究表明，营销管理者往往面临巨大的压力和挑战，因为他们需要向企业高层和股东证实营销支出所带来的财务绩效（Bahadir，et al.，2008），企业高层和财务主管部门往往聚焦股东价值的最大化，并不重视营销绩效相关指标（消费者知晓度、销售增长、消费者忠诚度、消费者满意度以及重复购买意愿），因为他们并不理解是否并且如何能让企业股东对这些营销指标产生兴趣（Ambler，2003）。通过对营销战略效应的考察，我们进一步发现，营销战略（广告投入、研发投入和营销能力）能有效发挥企业社会责任的市场竞争效应和市场价值效应，这表明，我们可以从营销战略角度得到"如何才能发挥企业社会责任的价值创造效应，以促进企业产品市场竞争优势的获取以及企业市场价值的增值"这一问题的答案。对于企业管理者而言，应该将企业内部特有的资源、能力和战略行动（广告投入、研发投入和营销能力）与企业外部行为（以企业社会责任为代表的社会行为）结合起来，发挥出企业社会责任与广告投入、研发投入以及营销能力的互补作用和协同效应，以实现企业社会责任对企业价值创造的积极效应的最大化。

第三节　研究局限与未来研究方向

从研究对象上，我们从消费者（代表产品市场）和投资者（代表资本市场）双重角度考察了企业社会责任的价值创造效应。然而，根据利益相关者理论，企业的主要利益相关者不仅包括消费者和投资者（股东），还包括企业员工、供应商、社会公众以及政府或监管部门等。因此，未来研究可进一步拓宽研究对象，考察其他利益相关者对企业社会责任的不同响应，例如，可以将企业员工（代表劳动力市场）作为研究对象，考察企业社会责任对企业现有和潜在员工的影响效应。

从研究层面上，本书仅仅基于营销战略这一视角，依次考察了在不同的广告投入、研发投入以及营销能力情境下企业社会责任与企业价值创造的关系。今后的研究应突破仅从单一层面或情境研究企业社会责任的影响效应，进一步拓展到宏观环境层面、中观组织层面以及微观个体层面，基于多学科和多层次的理论和分析视角来探讨影响企业社会责任与企业价值创造关系的条件和情境。

从研究数据上，本研究中企业社会责任的相关数据来源于和讯网，研究的论证分析和数据结论在某种程度上受到了局限。今后可获取更为广泛的数据来源和测量体系来进一步佐证和拓展我们的研究。例如，润灵环球是中国企业社会责任权威第三方评级机构，今后研究中可将和讯网搜集整理的企业社会责任数据与润灵环球推出的企业社会责任报告评级数据结合起来。

参考文献

［1］陈佳贵，黄群慧，彭华岗. 2011. 中国企业社会责任研究报告 2011［M］. 北京：社会科学文献出版社.

［2］陈锟，于建原. 2009. 营销能力对企业创新影响的正负效应——兼及对"Christensen 悖论"的实证与解释［J］. 管理科学学报，(2).

［3］戴维·钱德勒，小威廉·B. 沃瑟，杨伟国，等. 2014. 战略企业社会责任：利益相关者、全球化和可持续的价值创造（中国版第 3 版）［M］. 大连：东北财经大学出版社.

［4］戴亦一，潘越，冯舒. 2014. 中国企业的慈善捐赠是一种"政治献金"吗？——来自市委书记更替的证据［J］. 经济研究，49 (2).

［5］高勇强，陈亚静，张云均. 2012. "红领巾"还是"绿领巾"：民营企业慈善捐赠动机研究［J］. 管理世界，(8).

［6］高勇强，何晓斌，李路路. 2011. 民营企业家社会身份、经济条件与企业慈善捐赠［J］. 经济研究，(12).

［7］韩德昌，韩永强. 2010. 营销能力理论研究进展评析及未来趋势展望［J］. 外国经济与管理，(6).

［8］沈洪涛，沈艺峰. 2007. 公司社会责任思想：起源与演变［M］. 上海：上海人民出版社.

［9］黄敏学，李小玲，朱华伟. 2008. 企业被"逼捐"现象的剖析：是大众"无理"还是企业"无良"？［J］. 管理世界，（10）.

［10］黄速建，余菁. 2006. 国有企业的性质、目标与社会责任［J］. 中国工业经济，（2）.

［11］霍季春. 2008. 企业公民：对企业社会责任的匡正与超越［D］. 北京：中共中央党校.

［12］纪春礼，曾忠禄. 2013. 营销—金融对接研究现状及展望［J］. 外国经济与管理，35（12）.

［13］贾明，张喆. 2010. 高管的政治关联影响公司慈善行为吗？［J］. 管理世界，（4）.

［14］姜涛. 2013. 企业社会责任、利益相关者响应与企业价值：基于投资者与消费者视角［D］. 南京：南京农业大学.

［15］李国平，韦晓茜. 2014. 企业社会责任内涵、度量与经济后果——基于国外企业社会责任理论的研究综述［J］. 会计研究，（8）.

［16］李清政，白戈，于建原，等. 2011. 营销能力与创新关系实证研究［J］. 中国软科学，（1）.

［17］李伟阳. 2012. 企业社会责任的"九大异化隐忧"和"五大倒退风险"（上）——兼论中国企业社会责任发展变"后发劣势"为"后发优势"的战略路径［J］. WTO经济导刊，（4）.

［18］李伟阳，肖红军．2012．走出"丛林"：企业社会责任的新探索［M］．北京：经济管理出版社．

［19］刘力钢，刘杨，刘硕．2011．企业资源基础理论演进评介与展望［J］．辽宁大学学报（哲学社会科学版），（2）．

［20］刘玉焕，井润田．2014．企业社会责任能提高财务绩效吗？——文献综述与理论框架［J］．外国经济与管理，36（12）．

［21］陆正飞，韩非池．2013．宏观经济政策如何影响公司现金持有的经济效应？——基于产品市场和资本市场两重角度的研究［J］．管理世界，（6）．

［22］山立威，甘犁，郑涛．2008．公司捐款与经济动机——汶川地震后中国上市公司捐款的实证研究［J］．经济研究，43（11）．

［23］邵剑兵，刘力钢，杨宏戟．2016．基于企业基因遗传理论的互联网企业非市场战略选择及演变——阿里巴巴社会责任行为的案例分析［J］．管理世界，（12）．

［24］石军伟，胡立君，付海艳．2009．企业社会责任、社会资本与组织竞争优势：一个战略互动视角——基于中国转型期经验的实证研究［J］．中国工业经济，（11）．

［25］苏蕊芯，仲伟周．2011．基于企业性质的社会责任履责动机差异及政策含义［J］．财经理论与实践，（1）．

［26］唐跃军，左晶晶，李汇东．2014．制度环境变迁对公司慈善行为的影响机制研究［J］．经济研究，49（2）．

［27］陶文杰，金占明．2012．企业社会责任路在何方［J］．清华管理评论，（6）．

［28］王琴．2010．西方企业社会责任理论演进对中国企业的启示［J］．经济思想史评论，（1）．

［29］肖红军，李伟阳．2013．国外企业社会责任研究新进展［J］．经济管理，35（9）．

［30］徐莉萍，辛宇，祝继高．2011．媒体关注与上市公司社会责任之履行——基于汶川地震捐款的实证研究［J］．管理世界，（3）．

［31］徐尚昆，杨汝岱．2007．企业社会责任概念范畴的归纳性分析［J］．中国工业经济，（5）．

［32］衣凤鹏，徐二明．2014．高管政治关联与企业社会责任——基于中国上市公司的实证分析［J］．经济与管理研究，（5）．

［33］张建君．2013．竞争—承诺—服从：中国企业慈善捐款的动机［J］．管理世界，（9）．

［34］张敏，马黎珺，张雯．2013．企业慈善捐赠的政企纽带效应——基于我国上市公司的经验证据［J］．管理世界，（7）．

［35］张兆国，刘晓霞，张庆．2009．企业社会责任与财务管理变革——基于利益相关者理论的研究［J］．会计研究，（3）．

［36］朱金凤，杨鹏鹏．2011．公司慈善行为提升企业价值吗?——基于面板数据模型的实证研究［J］．经济管理，（12）．

［37］Aaker D A, Jacobson R. 2001. The value relevance of brand attitude in high-technology markets ［J］. Journal of marketing research，（38）.

［38］ Ackerman R W. 1973. How companies respond to social demands ［J］. Harvard business review, （51）.

［39］ Agle B R, Mitchell R K, Sonnenfeld J A. 1999. Who matters to Ceos? An investigation of stakeholder attributes and salience, corpate performance, and Ceo values ［J］. Academy of management journal, （42）.

［40］ Aguilera R V, Rupp D E, Williams C A, et al. 2007. Putting the S back in corporate social responsibility: a multilevel theory if social change in organization ［J］. Academy of management review, （32）.

［41］ Aguinis H, Glavas A. 2012. What we know and don't know about corporate social responsibility: a review and research agenda ［J］. Journal of management, （38）.

［42］ Aguinis H, Glavas A. 2017. On corporate social responsibility, sensemaking, and the search for meaningfulness through work.

［43］ Ailawadi K L, Lehmann D R, Neslin S A. 2003. Revenue premium as an outcome measure of brand equity ［J］. Journal of marketing, （67）.

［44］ Ambler T. 2003. Marketing and the bottom line: the marketing metrics to pump up cash flow ［M］. New Jersey: Pearson Education.

［45］ Amit R, Schoemaker P J. 1993. Strategic assets and organizational rent ［J］. Strategic management journal, （14）.

［46］ Andrews K R. 1973. Can Best corporations be made moral? ［J］ Harvard business review, （51）.

[47] Arora N, Henderson T. 2007. Embedded premium promotion: why it works and how to make it more effective [J]. Marketing science, (26).

[48] Arya B, Zhang G. 2009. Institutional reforms and investor reactions to CSR announcements: evidence from an emerging economy [J]. Journal of management studies, (46).

[49] Aßländer M S. 2011. Corporate social responsibility as subsidiary co-responsibility: a macroeconomic perspective [J]. Journal of business ethics, (99).

[50] Ataman M B, Van Heerde H J, Mela C F. 2010. The long-term effect of marketing strategy on brand sales [J]. Journal of marketing research, (47).

[51] Bahadir S C, Bharadwaj S G, Srivastava R K. 2008. Financial value of brands in mergers and acquisitions: is value in the eye of the beholder? [J]. Journal of marketing, (72).

[52] Bansal P. 2002. The corporate challenges of sustainable development [J]. The academy of management executive, (16).

[53] Bansal P. 2005. Evolving sustainably: a longitudinal study of corporate sustainable development [J]. Strategic management journal, (26).

[54] Bansal P, Clelland I. 2004. Talking trash: legitimacy, impression management, and unsystematic risk in the context of the natural environment [J]. Academy of management journal, (47).

［55］Bansal P, Roth K. 2000. Why companies go green: a model of ecological responsiveness ［J］. Academy of management journal, （43）.

［56］Barber B M, Odean T. 2008. All that glitters: the effect of attention and news on the buying behavior of individual and institutional investors ［J］. Review of financial studies, （21）.

［57］Barnett M L. 2007. Stakeholder influence capacity and the variability of financial returns to corporate social responsibility ［J］. Academy of management review, （32）.

［58］Barnett M L, Salomon R M. 2006. Beyond dichotomy: the curvilinear relationship between social responsibility and financial performance ［J］. Strategic management journal, （27）.

［59］Barney J. 1991. Firm resources and sustained competitive advantage ［J］. Journal of management, （17）.

［60］Barney J B. 1986. Strategic factor markets: expectations, luck, and business strategy ［J］. Management science, （32）.

［61］Barney J B, Clark D N. 2007. Resource-based theory: creating and sustaining competitive advantage ［M］. Oxford: Oxford University Press.

［62］Barney J B, Hesterly W S. 2012. Strategic management and competitive advantage: concepts and cases （4th ed. ） ［M］. New Jersey: Pearson.

［63］ Bénabou R, Tirole J. 2010. Individual and corporate social responsibility ［J］. Economica, （77）.

［64］ Berens G, Riel C B V, Bruggen G H V. 2005. Corporate associations and consumer product responses: the moderating role of corporate brand dominance ［J］. Journal of marketing, （69）.

［65］ Bharadwaj S G, Varadarajan P R, Fahy J. 1993. Sustainable competitive advantage in service industries: a conceptual model and research propositions ［J］. The journal of marketing.

［66］ Bhattacharya C, Korschun D, Sen S. 2009. Strengthening stakeholder-company relationships through mutually beneficial corporate social responsibility initiatives ［J］. Journal of business ethics, （85）.

［67］ Bhattacharya C B, Sen S. 2003. Consumer-company identification: a framework for understanding consumers' relationships with companies ［J］. Journal of marketing, （67）.

［68］ Bomann-Larsen L, Wiggen O. 2004. Responsibility in world business: managing harmful side-effects of corporate activity ［M］. Tokyo: United Nations University.

［69］ Brammer S, Millington A. 2004. The development of corporate charitable contributions in the UK: a stakeholder analysis ［J］. Journal of management studies, （41）.

［70］ Brammer S, Millington A. 2005. Corporate reputation and philanthropy: an empirical analysis ［J］. Journal of business ethics, （61）.

［71］ Brammer S, Millington A. 2008. Does it pay to be different? An analysis of the relationship between corporate social and financial performance ［J］. Strategic management journal, (29).

［72］ Brammer S, Millington A, Rayton B. 2007. The contribution of corporate social responsibility to organizational commitment ［J］. The international journal of human resource management, (18).

［73］ Brammer S J, Pavelin S. 2006. Corporate reputation and social performance: the importance of fit ［J］. Journal of management studies, (43).

［74］ Brammer S J, Pavelin S, Porter L A. 2009. Corporate charitable giving, multinational companies and countries of concern ［J］. Journal of management studies, (46).

［75］ Branco M C, Rodrigues L L. 2006. Corporate social responsibility and resource-based perspectives ［J］. Journal of business ethics, (69).

［76］ Brown T J, Dacin P A. 1997. The company and the product: corporate associations and consumer product responses ［J］. The journal of marketing.

［77］ Burke L, Logsdon J M. 1996. How corporate social responsibility pays off ［J］. Long range planning, (29).

［78］ Campbell J L. 2007. Why would corporations behave in socially responsible ways? An institutional theory of corporate social responsibility ［J］. Academy of management review, (32).

［79］ Carmeli A, Gilat G, Waldman D A. 2007. The role of per-ceived organizational performance in organizational identification, adjustment and job performance ［J］. Journal of management studies, （44）.

［80］ Carroll A, Buchholtz A. 2009. Business & society: ethics and stakeholder management ［M］. Mason: South-Western.

［81］ Carroll A B. 1979. A three-dimensional conceptual model of corporate performance ［J］. Academy of management review, （4）.

［82］ Carroll A B. 1991. The pyramid of corporate social responsibi-lity: toward the moral management of organizational stakeholders ［J］. Busi-ness horizons, （34）.

［83］ Carroll A B. 1998. The four faces of corporate citizenship ［J］. Business and society review, （100）.

［84］ Carroll A B. 1999. Corporate social responsibility evolution of a definitional construct ［J］. Business & society, （38）.

［85］ Carroll A B, Shabana K M. 2010. The business case for corpo-rate social responsibility: a review of concepts, research and practice ［J］. International journal of management reviews, （12）.

［86］ Chan L K, Lakonishok J, Sougiannis T. 2001. The stock mar-ket valuation of research and development expenditures ［J］. The journal of finance, （56）.

［87］ Chan W S. 2003. Stock price reaction to news and no-news: drift and reversal after headlines ［J］. Journal of financial economics, （70）.

［88］ Chatterji A K, Toffel M W. 2010. How firms respond to being rated ［J］. Strategic management journal, （31）.

［89］ Chemmanur T, Yan A. 2009. Product market advertising and new equity issues ［J］. Journal of financial economics, （92）.

［90］ Cheng B, Ioannou I, Serafeim G. 2014. Corporate social responsibility and access to finance ［J］. Strategic management journal, （35）.

［91］ Chernev A, Blair S. 2015. Doing well by doing good: the benevolent halo of corporate social responsibility ［J］. Journal of consumer research, （41）.

［92］ Chiu S-C, Sharfman M. 2011. Legitimacy, visibility, and the antecedents of corporate social performance: an investigation of the instrumental perspective ［J］. Journal of management, （37）.

［93］ Choi J, Wang H. 2009. Stakeholder relations and the persistence of corporate financial performance ［J］. Strategic management journal, （30）.

［94］ Clarkson M E. 1995. A stakeholder framework for analyzing and evaluating corporate social performance ［J］. Academy of management review, （20）.

［95］ Coelho P R, Mcclure J E, Spry J A. 2003. The social responsibility of corporate management: a classical critique ［J］. American journal of business, （18）.

［96］ Cornell B, Shapiro A C. 1987. Corporate stakeholders and corporate finance ［J］. Financial management.

［97］Costa C，Lages L F，Hortinha P. 2015. The bright and dark side of CSR in export markets：Its impact on innovation and performance ［J］. International business review.

［98］Currim I S，Lim J，Kim J W. 2012. You get what you pay for：the effect of top executives' compensation on advertising and R&D spending decisions and stock market return ［J］. Journal of marketing，（76）.

［99］Davis K. 1973. The case for and against business assumption of social responsibilities ［J］. Academy of management journal，（16）.

［100］Davis K. 1975. Five propositions for social responsibility ［J］. Business horizons，（18）.

［101］Day G S. 1994. The capabilities of market-driven organizations ［J］. The journal of marketing.

［102］De Bakker F G，Groenewegen P，Den Hond F. 2005. A bibliometric analysis of 30 years of research and theory on corporate social responsibility and corporate social performance ［J］. Business & society，44（3）.

［103］De George R T. 1987. The status of business ethics：past and future ［J］. Journal of business ethics，（6）.

［104］Deephouse D L，Carter S M. 2005. An examination of differences between organizational legitimacy and organizational reputation ［J］. Journal of management studies，（42）.

［105］Derry R，Green R M. 1989. Ethical theory in business ethics：a critical assessment ［J］. Journal of business ethics，（8）.

［106］Dierickx I, Cool K. 1989. Asset stock accumulation and sustainability of competitive advantage ［J］. Management science, （35）.

［107］Doh J P, Howton S D, Howton S W, et al. 2010. Does the market respond to an endorsement of social responsibility? The role of institutions, information, and legitimacy ［J］. Journal of management, （36）.

［108］Donaldson T, Preston L E. 1995. The stakeholder theory of the corporation: concepts, evidence, and implications ［J］. Academy of management review, （20）.

［109］Du S, Bhattacharya C, Sen S. 2015. Corporate social responsibility, multi-faceted job-products, and employee outcomes ［J］. Journal of business ethics, （131）.

［110］Dutta S, Narasimhan O, Rajiv S. 1999. Success in high-technology markets: is marketing capability critical? ［J］ Marketing science, （18）.

［111］Edeling A, Fischer M. 2016. Marketing's Impact on firm value: generalizations from a meta-analysis ［J］. Journal of marketing research, （53）.

［112］El Akremi A, Gond J-P, Swaen V, et al. 2015. How do employees perceive corporate responsibility? Development and validation of a multidimensional corporate stakeholder responsibility scale ［J］. Journal of management, （40）.

［113］El Ghoul S, Guedhami O, Kwok C C, et al. 2011. Does corporate social responsibility affect the cost of capital? ［J］. Journal of banking & finance, （35）.

［114］ Elkington J. 2004. Enter the triple bottom line ［M］//Henriques A, Richardson J. The triple bottom line: does it all add up. London: Earthscan.

［115］ Ellen P S, Mohr L A, Webb D J. 2000. Charitable programs and the retailer: do they mix? ［J］. Journal of Retailing, （76）.

［116］ Epstein E M. 1987. The corporate social policy process: beyond business ethics, corporate social responsibility, and corporate social responsiveness ［J］. California management review.

［117］ Epstein E M. 1989. Business ethics, corporate good citizenship and the corporate social policy process: a view from the United States ［J］. Journal of business ethics, （8）.

［118］ Erickson G, Jacobson R. 1992. Gaining comparative advantage through discretionary expenditures: the returns to R&D and advertising ［J］. Management science, （38）.

［119］ Ettlie J E. 1998. R&D and global manufacturing performance ［J］. Management science, （44）.

［120］ Fang E E, Zou S. 2009. Antecedents and consequences of marketing dynamic capabilities in international joint ventures ［J］. Journal of international business studies, （40）.

［121］ Farooq O, Payaud M, Merunka D, et al. 2014. The impact of corporate social responsibility on organizational commitment: exploring multiple mediation mechanisms ［J］. Journal of business ethics, （125）.

[122] Farooq O, Rupp D E, Farooq M. 2017. The multiple pathways through which internal and external corporate social responsibility influence organizational identification and multifoci outcomes: the moderating role of cultural and social orientations [J]. Academy of management journal, (60).

[123] Field L C, Lowry M. 2009. Institutional versus individual investment in IPOs: the importance of firm fundamentals [J]. Journal of financial and quantitative analysis, (44).

[124] Flammer C. 2015. Does corporate social responsibility lead to superior financial performance? A regression discontinuity approach [J]. Management science, (61).

[125] Flammer C. 2018. Competing for government procurement contracts: the role of corporate social responsibility [J]. Strategic management journal, (39).

[126] Fombrun C, Shanley M. 1990. What's in a name? Reputation building and corporate strategy [J]. Academy of management journal, (33).

[127] Fombrun C J, Gardberg N. 2000. Who's tops in corporate reputation? [J]. Corporate reputation review, (3).

[128] Frederick W C. 1994. From CSR1 to CSR2 the maturing of business-and-society thought [J]. Business & society, (33).

[129] Freeman R E. 1984. Strategic management: a stakeholder approach [M]. Marshfield, MA: Pitman Publishing, Inc.

［130］Freeman R E. 1999. Divergent stakeholder theory ［J］. Academy of management review, （24）.

［131］Freeman R E. 2010. Strategic management: a stakeholder approach ［M］. London: Cambridge University Press.

［132］Freeman R E, Evan W M. 1991. Corporate governance: a stakeholder interpretation ［J］. Journal of behavioral economics, （19）.

［133］French P A. 1979. The corporation as a moral person ［J］. American philosophical quarterly.

［134］Frieder L, Subrahmanyam A. 2005. Brand perceptions and the market for common stock ［J］. Journal of financial and quantitative analysis, （40）.

［135］Friedman M. 1970. The social responsibility of business is to increase its profits ［J］. The New York times magazine.

［136］Frooman J. 1997. Socially irresponsible and illegal behavior and shareholder wealth: a meta-analysis of event studies ［J］. Business & society, （36）.

［137］Fry L W, Keim G D, Meiners R E. 1982. Corporate contributions: altruistic or for-profit? ［J］. Academy of management journal, （25）.

［138］Gallego-Álvarez I, Manuel Prado-Lorenzo J, García-SánchezI-M. 2011. Corporate social responsibility and innovation: a resource-based theory ［J］. Management decision, （49）.

［139］ Gardberg N A, Fombrun C J. 2006. Corporate citizenship: creating intangible assets across institutional environments ［J］. Academy of management review, （31）.

［140］ Garriga E, Melé D. 2004. Corporate social responsibility theories: mapping the territory ［J］. Journal of business ethics, （53）.

［141］ Gholami S. 2011a. Value creation model through corporate social responsibility （CSR） ［J］. International journal of business and management, （6）.

［142］ Gholami S. 2011b. Value creation model through corporate social responsibility （CSR） ［J］. International journal of business and management, （6）.

［143］ Glavas A, Piderit S K. 2009. How does doing good matter? ［J］. Journal of corporate citizenship.

［144］ Godfrey P C. 2005. The relationship between corporate philanthropy and shareholder wealth: A risk management perspective ［J］. Academy of management review, （30）.

［145］ Godfrey P C, Merrill C B, Hansen J M. 2009. The relationship between corporate social responsibility and shareholder value: an empirical test of the risk management hypothesis ［J］. Strategic management Journal, （30）.

［146］ Goodpaster K E, Matthews J B. 1982. Can a corporation have a conscience ［J］. Harvard business review, （60）.

［147］ Grant R M. 1996. Prospering in dynamically-competitive environments: organizational capability as knowledge integration ［J］. Organization science, (7).

［148］ Graves S B, Waddock S A. 1994. Institutional owners and corporate social performance ［J］. Academy of management journal, (37).

［149］ Greening D W, Turban D B. 2000. Corporate social performance as a competitive advantage in attracting a quality workforce ［J］. Business & society, (39).

［150］ Griffin J J, Mahon J F. 1997. The corporate social performance and corporate financial performance debate twenty-five years of incomparable research ［J］. Business & society, (36).

［151］ Grullon G, Kanatas G, Weston J P. 2004. Advertising, breadth of ownership, and liquidity ［J］. Review of financial studies, (17).

［152］ Handelman J M, Arnold S J. 1999. The role of marketing actions with a social dimension: appeals to the institutional environment ［J］. The journal of marketing.

［153］ Hanssens D M, Pauwels K H. 2016. Demonstrating the value of marketing ［J］. The journal of marketing, (80).

［154］ Hart S L. 1995. A natural-resource-based view of the firm ［J］. Academy of management review, (20).

［155］ Hasseldine J, Salama A, Toms J. 2005. Quantity versus quality: the impact of environmental disclosures on the reputations of UK Plcs ［J］.

The British accounting review, (37).

[156] Hawn O, Ioannou I. 2016. Mind the gap: the interplay between external and internal actions in the case of corporate social responsibility [J]. Strategic management journal, (37).

[157] Heath C, Tversky A. 1991. Preference and belief: ambiguity and competence in choice under uncertainty [J]. Journal of risk and uncertainty, (4).

[158] Helfat C E. 2000. Guest editor's introduction to the special issue: the evolution of firm capabilities [J]. Strategic management journal, (21).

[159] Hillman A J, Keim G D. 2001. Shareholder value, stakeholder management, and social issues: what's the bottom line? [J]. Strategic management journal, (22).

[160] Hitt M A, Hoskisson R E, Johnson R A, et al. 1996. The market for corporate control and firm innovation [J]. Academy of management journal, (39).

[161] Hoch S J, Deighton J. 1989. Managing what consumers learn from experience [J]. The journal of marketing.

[162] Holburn G L F, Vanden Bergh R G. 2014. Integrated market and nonmarket strategies: political campaign contributions around merger and acquisition events in the energy sector [J]. Strategic management journal, (35).

[163] Homburg C, Stierl M, Bornemann T. 2013. Corporate social responsibility in business-to-business markets: how organizational customers

account for supplier corporate social responsibility engagement [J]. Journal of marketing, (77).

[164] Hull C E, Rothenberg S. 2008. Firm performance: the interactions of corporate social performance with innovation and industry differentiation [J]. Strategic management journal, (29).

[165] Husted B W, Allen D B. 2007. Strategic corporate social responsibility and value creation among large firms: lessons from the Spanish experience [J]. Long range planning, (40).

[166] Jamali D. 2008. A stakeholder approach to corporate social responsibility: a fresh perspective into theory and practice [J]. Journal of business ethics, (82).

[167] Jaworski B J, Kohli A K. 1993. Market orientation: antecedents and consequences [J]. The journal of marketing.

[168] Jensen M C, Meckling W H. 1976. Theory of the firm: managerial behavior, agency costs and ownership structure [J]. Journal of financial economics, (3).

[169] Johnson R A, Greening D W. 1999. The effects of corporate governance and institutional ownership types on corporate social performance [J]. Academy of management journal, (42).

[170] Jones D A. 2010. Does serving the community also serve the company? Using organizational identification and social exchange theories to understand employee responses to a volunteerism programme [J]. Journal of occupational and organizational psychology, (83).

［171］Jones T M. 1980. Corporate social responsibility revisited, redefined ［J］. California management review, （22）.

［172］Jones T M. 1995. Instrumental stakeholder theory: a synthesis of ethics and economics ［J］. Academy of management review, （20）.

［173］Joshi A, Hanssens D M. 2010. The direct and indirect effects of advertising spending on firm value ［J］. Journal of marketing, （74）.

［174］Joshi A M, Hanssens D M. 2009. Movie advertising and the stock market valuation of studios: a case of "great expectations?" ［J］. Marketing science, （28）.

［175］Joyner B E, Payne D. 2002. Evolution and implementation: a study of values, business ethics and corporate social responsibility ［J］. Journal of business ethics, （41）.

［176］Kang C, Germann F, Grewal R. 2016. Washing away your sins? Corporate social responsibility, corporate social irresponsibility, and firm performance ［J］. Journal of marketing, （80）.

［177］Katsikeas C S, Morgan N A, Leonidou L C, et al. 2016. Assessing performance outcomes in marketing ［J］. Journal of marketing, （80）.

［178］Keller K L. 1993. Conceptualizing, measuring, and managing customer-based brand equity ［J］. The journal of marketing.

［179］Kim M, McAlister L M. 2011. Stock market reaction to unexpected growth in marketing expenditure: negative for sales force, contingent on spending level for advertising ［J］. Journal of marketing, （75）.

［180］ Kirca A H, Jayachandran S, Bearden W O. 2005. Market orientation: a meta-analytic review and assessment of its antecedents and impact on performance ［J］. Journal of marketing, （69）.

［181］ Klein J, Dawar N. 2004. Corporate social responsibility and consumers' attributions and brand evaluations in a product-harm crisis ［J］. International journal of research in marketing, （21）.

［182］ Kohli A K, Jaworski B J. 1990. Market orientation: the construct, research propositions, and managerial implications ［J］. The journal of marketing.

［183］ Kor Y Y. 2006. Direct and interaction effects of top management team and board compositions on R & D investment strategy ［J］. Strategic management journal, （27）.

［184］ Korschun D, Bhattacharya C, Swain S D. 2014. Corporate social responsibility, customer orientation, and the job performance of frontline employees ［J］. Journal of marketing, （78）.

［185］ Koslow S, Sasser S L, Riordan E A. 2006. Do marketers get the advertising they need or the advertising they deserve? Agency views of how clients influence creativity ［J］. Journal of advertising, （35）.

［186］ Kotler P, Lee N. 2005. Corporate social responsibility: doing the most good for your company and your cause ［M］. New York: John Wiley & Sons.

［187］ Kotler P, Lee N. 2006. Corporate social responsibility: doing the most good for your company and your cause ［M］. JSTOR.

［188］ Kotler P, Lee N. 2008. Corporate social responsibility: doing the most good for your company and your cause ［M］. Hoboken: John Wiley & Sons.

［189］ Krasnikov A, Jayachandran S. 2008. The relative impact of marketing, operations capabilities on firm ［J］. (72).

［190］ Lee MD P. 2008. A review of the theories of corporate social responsibility: its evolutionary path and the road ahead ［J］. International journal of management reviews, (10).

［191］ Lee R P, Grewal R. 2004. Strategic responses to new technologies and their impact on firm performance ［J］. Journal of marketing, (68).

［192］ Lev B, Petrovits C, Radhakrishnan S. 2010. Is doing good good for you? How corporate charitable contributions enhance revenue growth ［J］. Strategic management journal, (31).

［193］ Levitt T. 1958. The dangers of social-responsibility ［J］. Harvard business review, (36).

［194］ Lichtenstein D R, Drumwright M E, Braig B M. 2004. The effect of corporate social responsibility on customer donations to corporate-supported nonprofits ［J］. Journal of marketing, (68).

［195］ Lin C-P, Lyau N-M, Tsai Y-H, et al. 2010. Modeling corporate citizenship and its relationship with organizational citizenship behaviors ［J］.

Journal of business ethics, (95).

[196] Lukas B A, Whitwell G J, Doyle P. 2005. How can a shareholder value approach improve marketing's strategic influence? [J]. Journal of business research, (58).

[197] Luo X. 2009. Quantifying the long-term impact of negative word of mouth on cash flows and stock prices [J]. Marketing science, (28).

[198] Luo X, Bhattacharya C B. 2006. Corporate social responsibility, customer satisfaction, and market value [J]. Journal of marketing, (70).

[199] Luo X, Bhattacharya C B. 2009. The debate over doing good: corporate social performance, strategic marketing levers, and firmidiosyncratic risk [J]. Journal of marketing, (73).

[200] Luo X, De Jong P J. 2012. Does advertising spending really work? The intermediate role of analysts in the impact of advertising on firm value [J]. Journal of the academy of marketing science, (40).

[201] Luo X, Donthu N. 2006. Marketing's credibility of marketing communication [J], (70).

[202] Luo X, Rindfleisch A, Tse D K. 2007. Working with rivals: the impact of competitor alliances on financial performance [J]. Journal of marketing research, (44).

[203] Luo X, Wang H, Raithel S, et al. 2015. Corporate social performance, analyst stock recommendations, and firm future returns [J]. Strategic management journal, (36).

［204］ MacGregor S P, Fontrodona J. 2008. Exploring the fit between CSR and innovation ［J］. Working paper WP-759, center for business and society.

［205］ Mackey A, Mackey T B, Barney J B. 2007. Corporate social responsibility and firm performance: investor preferences and corporate strategies ［J］. Academy of management review, （32）.

［206］ Maignan I, Ferrell O C, Hult G T M. 1999. Corporate citizenship: cultural antecedents and business benefits ［J］. Journal of the academy of marketing science, （27）.

［207］ Maignan I, Ralston D A. 2002. Corporate social responsibility in Europe and the US: insights from businesses' self-presentations ［J］. Journal of international business studies, （33）.

［208］ Majumdar S K, Marcus A A. 2001. Rules versus discretion: the productivity consequences of flexible regulation ［J］. Academy of management journal, （44）.

［209］ Maon F, Lindgreen A, Swaen V. 2009. Designing and implementing corporate social responsibility: an integrative framework grounded in theory and practice ［J］. Journal of business ethics, （87）.

［210］ Maon F, Lindgreen A, Swaen V. 2010. Organizational stages and cultural phases: a critical review and a consolidative model of corporate social responsibility development ［J］. International journal of management reviews, （12）.

［211］ Margolis J D, Walsh J P. 2003. Misery loves companies: rethinking social initiatives by business ［J］. Administrative science quarterly, (48).

［212］ Matten D, Crane A. 2005. Corporate citizenship: toward an extended theoretical conceptualization ［J］. Academy of management review, (30).

［213］ Matten D, Crane A, Chapple W. 2003. Behind the mask: revealing the true face of corporate citizenship ［J］. Journal of business ethics, (45).

［214］ Matten D, Moon J. 2008. "Implicit" and "explicit" CSR: a conceptual framework for a comparative understanding of corporate social responsibility ［J］. Academy of management review, (33).

［215］ McAlister L, Srinivasan R, Kim M. 2007. Advertising, research and development, and systematic risk of the firm ［J］. Journal of marketing, (71).

［216］ McGuire J B, Sundgren A, Schneeweis T. 1988. Corporate social responsibility and firm financial performance ［J］. Academy of management journal, (31).

［217］ McWilliams A, Siegel D. 1997. Event studies in management research: theoretical and empirical issues ［J］. Academy of management journal, (40).

［218］ McWilliams A, Siegel D. 2000. Corporate social responsibility and financial performance: correlation or misspecification? ［J］. Strategic management journal, (21).

[219] McWilliams A, Siegel D. 2001. Corporate social responsibility: a theory of the firm perspective [J]. Academy of management review, (26).

[220] McWilliams A, Siegel D S, Wright P M. 2006. Corporate social responsibility: strategic implications [J]. Journal of management studies, (43).

[221] Mela C F, Gupta S, Lehmann D R. 1997. The long-term impact of promotion and advertising on consumer brand choice [J]. Journal of marketing research.

[222] Mezias J M, Starbuck W H. 2003. Studying the accuracy of managers' perceptions: a research odyssey [J]. British journal of management, (14).

[223] Miller D. 2003. An asymmetry-based view of advantage: towards an attainable sustainability [J]. Strategic management journal, (24).

[224] Mirvis P, Googins B. 2006. Stages of corporate citizenship: a developmental framework [J]. California management review, (48).

[225] Mishra S, Modi S. 2013. Positive and negative corporate social responsibility, financial leverage, and idiosyncratic risk [J]. Journal of business ethics, (117).

[226] Mishra S, Modi S B. 2016. Corporate social responsibility and shareholder wealth: the role of marketing capability [J]. Journal of marketing, (80).

[227] Mitchell R K, Agle B R, Wood D J. 1997. Toward a theory of stakeholder identification and salience: defining the principle of who and what really counts [J]. Academy of management review, (22).

[228] Mizik N, Jacobson R. 2003. Trading off between value creation and value appropriation: the financial implications of shifts in strategic emphasis [J]. Journal of marketing, (67).

[229] Möller K, Anttila M. 1987. Marketing capability—a key success factor in small business? [J]. Journal of marketing management, (3).

[230] Moon J, Crane A, Matten D. 2005. Can corporations be citizens? Corporate citizenship as a metaphor for business participation in society [J]. Business ethics quarterly.

[231] Moorman C, Day G S. 2016. Organizing for marketing excellence [J]. Journal of marketing, (80).

[232] Moorman C, Slotegraaf R J. 1999. The contingency value of complementary capabilities in product development [J]. Journal of marketing research, (36).

[233] Morck R, Shleifer A, Vishny R W. 1988. Management ownership and market valuation: an empirical analysis [J]. Journal of financial economics, (20).

[234] Morgan N A, Zou S, Vorhies D W, et al. 2003. Experiential and informational knowledge, architectural marketing capabilities, and the adaptive performance of export ventures: a cross-national study [J]. Decision sciences, (34).

［235］ Mudrack P E, Mason E S, Stepeanski K M. 1999. Equity sensitivity and business ethics ［J］. Journal of occupational and organizational psychology, （72）.

［236］ Muller A, Kolk A. 2010. Extrinsic and intrinsic drivers of corporate social performance: evidence from foreign and domestic firms in Mexico ［J］. Journal of management studies, （47）.

［237］ Narasimhan O, Rajiv S, Dutta S. 2006. Absorptive capacity in high-technology markets: the competitive advantage of the haves ［J］. Marketing science, （25）.

［238］ Nath P, Nachiappan S, Ramanathan R. 2010. The impact of marketing capability, operations capability and diversification strategy on performance: a resource-based view ［J］. Industrial marketing management, （39）.

［239］ Noble C H, Mokwa M P. 1999. Implementing marketing strategies: developing and testing a managerial theory ［J］. The journal of marketing.

［240］ Orlitzky M, Schmidt F L, Rynes S L. 2003. Corporate social and financial performance: a meta-analysis ［J］. Organization studies, （24）.

［241］ Osinga E C, Leeflang P S, Srinivasan S, et al. 2011. Why do firms invest in consumer advertising with limited sales response? A shareholder perspective ［J］. Journal of marketing, （75）.

［242］ Patel P C, Chrisman J J. 2014. Risk abatement as a strategy for R & D investments in family firms ［J］. Strategic management journal, （35）.

［243］Peloza J. 2009. The challenge of measuring financial impacts from investments in corporate social performance ［J］. Journal of management.

［244］Peloza J, Shang J. 2011. How can corporate social responsibility activities create value for stakeholders? A systematic review ［J］. Journal of the academy of marketing science.

［245］Peteraf M A, Barney J B. 2003. Unraveling the resource-based tangle ［J］. Managerial and decision economics, （24）.

［246］Phillips R. 2003. Stakeholder theory and organizational ethics ［M］. San Francisco: Berrett-Koehler Publishers.

［247］Phillips R A. 1997. Stakeholder theory and a principle of fairness ［J］. Business ethics quarterly.

［248］Pollock T G, Gulati R. 2007. Standing out from the crowd: the visibility-enhancing effects of IPO-related signals on alliance formation by entrepreneurial firms ［J］. Strategic organization, （5）.

［249］Pollock T G, Rindova V P, Maggitti P G. 2008. Market watch: information and availability cascades among the media and investors in the US IPO market ［J］. Academy of management journal, （51）.

［250］Pomering A, Dolnicar S. 2009. Assessing the prerequisite of successful CSR implementation: are consumers aware of CSR initiatives? ［J］. Journal of business ethics, （85）.

［251］Porter M E, Kramer M R. 2002. The competitive advantage of corporate philanthropy ［J］. Harvard business review, （80）.

［252］Porter M E, Kramer M R. 2006. Strategy and society: the link between competitive advantage and corporate social responsibility ［J］. Harvard business review, （11）.

［253］Porter M E, Kramer M R. 2011. The big idea: creating shared value ［J］. Harvard business review, （89）.

［254］Rao V R, Agarwal M K, Dahlhoff D. 2004. How is manifest branding strategy related to the intangible value of a corporation? ［J］. Journal of marketing, （68）.

［255］Rego L L, Billett M T, Morgan N A. 2009. Consumer-based brand equity and firm risk ［J］. Journal of marketing, （73）.

［256］Rindova V P, Williamson I O, Petkova A P, et al. 2005. Being good or being known: an empirical examination of the dimensions, antecedents, and consequences of organizational reputation ［J］. Academy of management journal, （48）.

［257］Roman R M, Hayibor S, Agle B R. 1999. The relationship between social and financial performance repainting a portrait ［J］. Business & society, （38）.

［258］Ross S A. 1973. The economic theory of agency: the principal's problem ［J］. The American economic review.

［259］Rowley T, Berman S. 2000. A brand new brand of corporate social performance ［J］. Business & society, （39）.

［260］Rowley T J. 1997. Moving beyond dyadic ties: a network theory of stakeholder influences [J]. Academy of management review, (22).

[261] Ruf B M, Muralidhar K, Brown R M, et al. 2001. An empirical investigation of the relationship between change in corporate social performance and financial performance: a stakeholder theory perspective [J]. Journal of business ethics, (32).

[262] Russo A, Perrini F. 2010. Investigating stakeholder theory and social capital: CSR in large firms and SMEs [J]. Journal of business ethics, (91).

[263] Russo M V, Fouts P A. 1997. A resource-based perspective on corporate environmental performance and profitability [J]. Academy of management journal, (40).

[264] Rust R T, Lemon K N, Zeithaml V A. 2004. Return on marketing: using customer equity to focus marketing strategy [J]. Journal of marketing, (68).

[265] Sachs S. 2002. Managing the extended enterprise: the new stakeholder view [J]. California management review, (45).

[266] Scherer A G, Palazzo G. 2007. Toward a political conception of corporate responsibility: business and society seen from a Habermasian perspective [J]. Academy of management review, (32).

[267] Schnietz K E, Epstein M J. 2005. Exploring the financial value of a reputation for corporate social responsibility during a crisis [J]. Corporate reputation review, (7).

［268］Schuler D A, Cording M. 2006. A corporate social performance-corporate financial performance behavioral model for consumers ［J］. Academy of management review, (31).

［269］Schwartz M S. 2006. God as a managerial stakeholder? ［J］. Journal of business ethics, (66).

［270］Schwartz MS, Carroll A B. 2007. Integrating and unifying competing and complementary frameworks: the search for a common core in the business and society field ［J］. Business & society.

［271］Sen S, Bhattacharya C B. 2001. Does doing good always lead to doing better? Consumer reactions to corporate social responsibility ［J］. Journal of marketing research, (38).

［272］Servaes H, Tamayo A. 2013. The impact of corporate social responsibility on firm value: the role of customer awareness ［J］. Management science, (59).

［273］Sethi S P. 1975. Dimensions of corporate social performance: an analytical framework ［J］. California management review, (17).

［274］Sethi S P. 1979. A conceptual framework for environmental analysis of social issues and evaluation of business response patterns ［J］. Academy of management review, (4).

［275］Sharma S, Henriques I. 2005. Stakeholder influences on sustainability practices in the Canadian forest products industry ［J］. Strategic management journal, (26).

［276］Sharma S, Vredenburg H. 1998. Proactive corporate environmental strategy and the development of competitively valuable organizational capabilities ［J］. Strategic management journal, （19）.

［277］Siegel D S, Vitaliano D F. 2007. An empirical analysis of the strategic use of corporate social responsibility ［J］. Journal of economics & management strategy, （16）.

［278］Simpson W G, Kohers T. 2002. The link between corporate social and financial performance: evidence from the banking industry ［J］. Journal of business ethics, （35）.

［279］Sirsly C-a T, Lamertz K. 2007. When does a corporate social responsibility initiative provide a first-mover advantage? ［J］. Business & society.

［280］Slotegraaf R J, Moorman C, Inman J J. 2003. The role of firm resources in returns to market deployment ［J］. Journal of marketing research, （40）.

［281］Smith N C. 2003. Corporate social responsibility: whether or how? ［J］. California management review, （45）.

［282］Song M, Di Benedetto C A, Nason R W. 2007. Capabilities and financial performance: the moderating effect of strategic type ［J］. Journal of the academy of marketing science, （35）.

［283］Song M, Droge C, Hanvanich S, et al. 2005. Marketing and technology resource complementarity: an analysis of their interaction effect in two environmental contexts ［J］. Strategic management journal, （26）.

［284］ Spence M. 1973. Job market signaling ［J］. The quarterly journal of economics, （87）.

［285］ Sridhar S, Narayanan S, Srinivasan R. 2014. Dynamic relationships among R & D, advertising, inventory and firm performance ［J］. Journal of the academy of marketing science, （42）.

［286］ Srinivasan S, Hanssens D M. 2009. Marketing and firm value: metrics, methods, findings, and future directions ［J］. Journal of marketing research, （46）.

［287］ Strike V M, Gao J, Bansal P. 2006. Being good while being bad: social responsibility and the international diversification of US firms ［J］. Journal of international business studies, （37）.

［288］ Suchman M C. 1995. Managing legitimacy: strategic and institutional approaches ［J］. Academy of management review, （20）.

［289］ Surroca J, Tribó J A, Waddock S. 2010. Corporate responsibility and financial performance: the role of intangible resources ［J］. Strategic management journal, （31）.

［290］ Teece D J. 1998. Capturing value from knowledge assets ［J］. California management review, （40）.

［291］ Teece D J, Pisano G, Shuen A. 1997. Dynamic capabilities and strategic management ［J］.

［292］ Turban D B, Greening D W. 1997. Corporate social performance and organizational attractiveness to prospective employees ［J］. Academy of management journal, （40）.

[293] Turker D. 2009. Measuring corporate social responsibility: a scale development study [J]. Journal of business ethics, (85).

[294] Van Marrewijk M, Werre M. 2003. Multiple levels of corporate sustainability [J]. Journal of business ethics, (44).

[295] Varadarajan P R, Menon A. 1988. Cause-related marketing: a coalignment of marketing strategy and corporate philanthropy [J]. The journal of marketing.

[296] Visser W, Matten D, Pohl M, et al. 2010. The A to Z of corporate social responsibility [M]. New York: John Wiley & Sons.

[297] Vitorino M A. 2013. Understanding the effect of advertising on stock returns and firm value: theory and evidence from a structural model [J]. Management science, (60).

[298] Vorhies D W, Morgan N A. 2005. Benchmarking marketing capabilities for sustainable competitive advantage [J]. Journal of marketing, (69).

[299] Vorhies D W, Morgan R E, Autry C W. 2009. Product-market strategy and the marketing capabilities of the firm: impact on market effectiveness and cash flow performance [J]. Strategic management journal, (30).

[300] Waddock S A, Graves S B. 1997. The corporate social performance-financial performance link [J]. Strategic management journal, (18).

[301] Wang H, Choi J, Li J. 2008. Too little or too much? Untangling the relationship between corporate philanthropy and firm financial performance [J]. Organization science, (19).

［302］Wang H, Qian C. 2011. Corporate philanthropy and corporate financial performance: the roles of stakeholder response and political access ［J］. Academy of management journal, （54）.

［303］Wang T, Bansal P. 2012. Social responsibility in new ventures: profiting from a long-term orientation ［J］. Strategic management journal, （33）.

［304］Wartick S L. 2002. Measuring corporate reputation definition and data ［J］. Business & society, （41）.

［305］Weerawardena J. 2003. The role of marketing capability in innovation-based competitive strategy ［J］. Journal of strategic marketing, （11）.

［306］Wernerfelt B. 1984. A resource-based view of the firm ［J］. Strategic management journal, （5）.

［307］West D C, Kover A J, Caruana A. 2008. Practitioner and customer views of advertising creativity: same concept, different meaning? ［J］. Journal of advertising, （37）.

［308］Whetten D A, Rands G, Godfrey P. 2002. What are the responsibilities of business to society ［M］. London: Sage Publications.

［309］Wiles M A, Morgan N A, Rego L L. 2012. The effect of brand acquisition and disposal on stock returns ［J］. Journal of marketing, （76）.

［310］Windsor D. 2001. The future of corporate social responsibility ［J］. The international journal of organizational analysis, （9）.

[311] Wood D J. 1991. Corporate social performance revisited [J]. Academy of management review, (16).

[312] Wood D J, Jones R E. 1995. Stakeholder mismatching: a theoretical problem in empirical research on corporate social performance [J]. The international journal of organizational analysis, (3).

[313] Wright P, Ferris S P. 1997. Agency conflict and corporate strategy: the effect of divestment on corporate value [J]. Strategic management journal, (18).

[314] Xiong G, Bharadwaj S. 2013. Asymmetric roles of advertising and marketing capability in financial returns to news: turning bad into good and good into great [J]. Journal of marketing research, (50).